税务疑难问答丛书

税务管理疑难问答

王晓芳　主编

经济管理出版社

图书在版编目（CIP）数据

税务管理疑难问答/王晓芳主编.—北京：经济管理出版社，2008.8

ISBN 978-7-5096-0317-8

Ⅰ.税…　Ⅱ.王…　Ⅲ.税收管理—中国—问答　Ⅳ.F812.423-44

中国版本图书馆 CIP 数据核字（2008）第 114153 号

出版发行：**经济管理出版社**

北京市海淀区北蜂窝 8 号中雅大厦 11 层

电话：(010)51915602　　邮编：100038

印刷：世界知识印刷厂　　　　　　　经销：新华书店

组稿编辑：贾晓建　　　　　　　　　责任编辑：曹　靖
技术编辑：黄　铄　　　　　　　　　责任校对：超　凡

880mm×1230mm/32　　　　　　9.25 印张　　261 千字
2008 年 9 月第 1 版　　　　　　2008 年 9 月第 1 次印刷
印数：1—8000 册　　　　　　　　定价：20.00 元
书号：ISBN 978-7-5096-0317-8/F·307

前　言

　　税收是国家组织财政收入的主要形式和工具。国家通过税种的设置以及在税目、税率、加成征收或减免税等方面的规定，可以调节社会生产、交换、分配和消费，促进社会经济的健康发展。国家政权是税收产生和存在的必要条件，而国家政权的存在又依赖于税收的存在。没有税收，国家机器就不可能有效运转。税收业务的具体处理需要国家、企业和其他有关方面共同参与，他们处理税收的具体业务则构成了税务工作。企业从其纳税的角度要处理税务的核算，为了既合法、合规又合理地纳税，则需要对企业税务的各个方面进行筹划，在宏观上对税收业务进行管理，在税务核算、稽核、管理、筹划和代理中存在大量的文件格式与起草、表格的设计与编制等工作，这就形成了税务文书。

　　1992 年，我国税制进行了较大幅度的改革。为了巩固和完善新税制，近年来，国家根据社会经济的发展变化及新税制运行过程中出现的新情况，陆续对一些税收政策进行了必要的调整。我国会计制度与准则也在不断进行着改革与完善，尤其是 2007 年实行了新的企业会计准则。

　　我国整个经济体制改革需要会计和税务的改革奠定基础，因为会计和税务改革的不断深入也体现了我国经济体制改革逐渐完善的过程。会计和税务两个内容本身是紧密相连的，在改革过程中是相互影响和促进的。在企业中，税务制度改革后，对涉及税金及有关方面的会计核算内容、程序和方法等都形成影响；反过来，会计制度的改革，对税务制度有关内容的完善也有促进作用。因此，会计处理与核算不是孤立存在的，而是在特定税务制度下进行的。随着税务制度的不断改革与完善，会计处理与核算的内容和方法等也不断发生着变化。

新会计准则实施与税制进一步改革后，新的学习、理解、掌握与运用这些新行业规范的高潮将会到来。为了指导有关部门、企业、社会中介组织及有关单位正确处理税务中的核算、管理、筹划与文书等工作，我们组织从事税务理论和政策研究的学者及具有实务工作经验的专家编写了这套《税务疑难问答》丛书。

《税务管理疑难问答》一书介绍了税务管理的基本程序与方法。本书对从事这方面工作的人员具有一定的指导作用。

本书由贵州工业大学王晓芳主编，具体编写人员有：郭春芳、韩重奇、王萍芝、李素平、徐莉、张莉、刘宝荣、邵帅、陈永生、陈树影、刘立彬、杨金峰、杨得新、金平、杨琴、毕锋、徐得立、张静、王南、吴光辉、刘胜利、李国华、王桂芹、赵世福。

欢迎广大读者对本书提出批评指正。

编　者

2008 年 7 月

目　录

第三章　发票管理疑难问答 / 49

第四章　税收优惠管理疑难问答 / 69

第五章　证明管理疑难问答 / 157

第一章　税务登记管理疑难问答

1. 哪些人需要办理税务登记？设立登记的时限要求是什么？

答：1）企业。

企业在外地设立的分支机构和从事生产、经营的场所；个体工商户和从事生产、经营的事业单位（以下统称从事生产、经营的纳税人），向生产、经营所在地税务机关申报办理税务登记。

2）对纳税人的时限要求。

①从事生产、经营的纳税人领取工商营业执照（含临时工商营业执照）的，应当自领取工商营业执照之日起30日内申报办理税务登记，税务机关核发税务登记证及副本（纳税人领取临时工商营业执照的，税务机关核发临时税务登记证及副本）。

②从事生产、经营的纳税人未办理工商营业执照但经有关部门批准设立的，应当自有关部门批准设立之日起30日内申报办理税务登记，税务机关核发税务登记证及副本。

③从事生产、经营的纳税人未办理工商营业执照也未经有关部门批准设立的，应当自纳税义务发生之日起30日内申报办理税务登记，税务机关核发临时税务登记证及副本。

④有独立的生产经营权、在财务上独立核算并定期向发包人或者出租人上交承包费或租金的承包承租人，应当自承包承租合同签订之日起30日内，向其承包承租业务发生地税务机关申报办理税务登记，税务机关核发临时税务登记证及副本。

⑤从事生产、经营的纳税人外出经营，自其在同一县（市）实际

经营或提供劳务之日起，在连续的 12 个月内累计超过 180 天的，应当自期满之日起 30 日内，向生产、经营所在地税务机关申报办理税务登记，税务机关核发临时税务登记证及副本。

⑥境外企业在中国境内承包建筑、安装、装配、勘探工程和提供劳务的，应当自项目合同或协议签订之日起 30 日内，向项目所在地税务机关申报办理税务登记，税务机关核发临时税务登记证及副本。

3）上述规定以外的其他纳税人，除国家机关、个人和无固定生产、经营场所的流动性农村小商贩外，均应当自纳税义务发生之日起 30 日内，向纳税义务发生地税务机关申报办理税务登记，税务机关核发税务登记证及副本。

2. 单位纳税人、个体经营及临时经营设立登记是怎样规定的？

答：（1）概述

税务登记是整个税收征收管理的首要环节，是税务机关对纳税人的基本情况及生产经营项目进行登记管理的一项基本制度，也是纳税人已经纳入税务机关监督管理的一项证明。根据法律、法规规定具有应税收入、应税财产或应税行为的各类纳税人，都应依照有关规定办理税务登记。

1）单位纳税人设立登记适用于单位纳税人、个人独资企业、一人有限公司办理税务登记。

2）个体经营设立登记适用于个体工商户、个人合伙企业办理税务登记。

3）临时经营设立登记适用于：

①从事生产、经营的纳税人领取临时工商营业执照的。

②有独立的生产经营权、在财务上独立核算并定期向发包人或者出租人上交承包费或租金的承包承租人。

③境外企业在中国境内承包建筑、安装、装配、勘探工程和提供劳务的。

（2）纳税人应提供的资料

单位纳税人应提供以下资料：

1）工商营业执照或其他核准执业证件原件及复印件。

2）注册地址及生产、经营地址证明（产权证、租赁协议）原件及其复印件。如为自有房产，请提供产权证或买卖契约等合法的产权证明原件及其复印件；如为租赁的场所，请提供租赁协议原件及其复印件，出租人为自然人的还须提供产权证明的复印件；如生产、经营地址与注册地址不一致，分别提供相应证明。

3）验资报告或评估报告原件及其复印件。

4）组织机构统一代码证书副本原件及复印件。

5）有关合同、章程、协议书复印件。

6）法定代表人（负责人）居民身份证、护照或其他证明身份的合法证件原件及其复印件。

7）纳税人跨县（市）设立的分支机构办理税务登记时，还须提供总机构的税务登记证（国、地税）副本复印件。

8）改组改制企业还须提供有关改组改制的批文原件及其复印件。

9）房屋产权证、土地使用证、机动车行驶证等证件的复印件。

10）汽油、柴油消费税纳税人还需提供：

①企业基本情况表。

②生产装置及工艺路线的简要说明。

③企业生产的所有油品名称、产品标准及用途。

11）外商投资企业还需提供商务部门批复设立证书原件及复印件。

个体经营应提供以下资料：

①工商营业执照或其他核准执业证件原件及复印件。

②业主身份证原件及其复印件（个体）。

③负责人居民身份证、护照或其他证明身份的合法证件原件及其复印件（个人合伙企业）。

④房产证明（产权证、租赁协议）原件及其复印件；如为自有房产，请提供产权证或买卖契约等合法的产权证明原件及其复印件；如为租赁的场所，请提供租赁协议原件及其复印件，出租人为自然人的还须提供产权证明的复印件。

⑤组织机构代码证书副本原件及复印件（个体加油站、个人合伙

企业及已办理组织机构代码证的个体工商户）。

临时经营应提供以下资料：

①法定代表人（负责人）居民身份证、护照或其他证明身份的合法证件原件及其复印件。

②项目合同或协议及其复印件。

③工商营业执照或其他核准执业的证件复印件。

（3）对纳税人的时限要求

1）从事生产、经营的纳税人应当自领取营业执照，或者自有关部门批准设立之日起30日内，或者自纳税义务发生之日起30日内，到税务机关领取税务登记表，填写完整后提交税务机关，办理税务登记。

2）从事生产、经营的纳税人领取临时工商营业执照的，应当自领取工商营业执照之日起30日内申报办理税务登记，税务机关核发临时税务登记证及副本。

3）有独立的生产经营权、在财务上独立核算并定期向发包人或者出租人上交承包费或租金的承包承租人，应当自承包承租合同签订之日起30日内，向其承包承租业务发生地税务机关申报办理税务登记，税务机关核发临时税务登记证及副本。

4）境外企业在中国境内承包建筑、安装、装配、勘探工程和提供劳务的，应当自项目合同或协议签订之日起30日内，向项目所在地税务机关申报办理税务登记，税务机关核发临时税务登记证及副本。

（4）税务机关承诺时限

提供资料完整、填写内容准确、各项手续齐全、无违章问题，符合条件的当场办结；如纳税人提交的证件和资料明显有疑点的，在2个工作日内转下一环节，经核实符合规定的，自受理之日起20个工作日内核发税务登记证件。

（5）办理程序

1）受理审核。

①审核纳税人是否属于本辖区管理，对于不属于本辖区管理的不予受理，并告知纳税人到管辖地税务机关办理登记。

②审核纳税人附报资料是否齐全，《税务登记表》填写是否完整准

确，印章是否齐全。

③审核纳税人《税务登记表》填写内容与附报资料是否一致，原件与复印件是否相符，复印件是否注明"与原件相符"字样并由纳税人签章，核对后原件返还纳税人。

④纸质资料不全或者填写内容不符合规定的，应当场一次性告知纳税人补正或重新填报。

⑤按照纳税人识别号的编制规则正确录入纳税人识别号码。

⑥系统自动检测纳税人的重复办证、逾期办证、法定代表人（负责人）、业主是否已存在非正常户记录等。

⑦如属重复办证，则转入重新办理税务登记工作流程；如纳税人逾期申请办理税务登记，录入登记基本信息后进行违法违章处理；如法定代表人（负责人）、业主在系统中存在非正常走逃记录的，则不予受理税务登记申请，并告知纳税人到被认定为非正常户的原纳税人主管税务机关接受处理。

⑧对于提交的证件、资料中有疑点的，须打印《税务文书受理通知单》或《文书受理回执单》交纳税人，制作相应文书通知属地税源管理部门进行实地调查，经属地税源管理部门调查核实后于15个工作日内向综合服务窗口反馈，根据核查情况决定是否予以发放税务登记证件。

对经审核无误的，在其报送的《税务登记表》上签章并注明受理日期、核准日期，经系统中录入核准的税务登记信息。

2）核准、发放证件。对经审核无误的，在其报送的《税务登记表》上签章并注明受理日期、核准日期，经系统中录入核准的税务登记信息。

收取税务登记工本费并开具行政性收费票据交付纳税人，发放税务登记证件。

3. 扣缴义务人如何进行登记？

答：（1）概述

已办理税务登记的扣缴义务人应当在扣缴义务发生后向税务登记

地税务机关申报办理扣缴税款登记。税务机关在其税务登记证件上登记扣缴税款事项，税务机关不再发给扣缴税款登记证件。

根据税收法律、行政法规的规定可不办理税务登记的扣缴义务人，应当在扣缴义务发生后向机构所在地税务机关申报办理扣缴税款登记。税务机关核发扣缴税款登记证件。

（2）纳税人应提供的资料

1）纳税人需出示的证件。

①《税务登记证》（副本）原件（已办理税务登记的）。

②组织机构代码证书（未办理税务登记的）。

2）纳税人需提供的资料。受托加工应税消费品的相关协议、合同原件及复印件（发生本项代扣代缴义务的）。

（3）对纳税人的时限要求

已办理税务登记的扣缴义务人应当自扣缴义务发生之日起30日内，向税务登记地税务机关申报办理扣缴税款登记。

根据税收法律、行政法规的规定可不办理税务登记的扣缴义务人，应当自扣缴义务发生之日起30日内，向机构所在地税务机关申报办理扣缴税款登记。

（4）税务机关承诺时限

提供资料完整、填写内容准确、各项手续齐全、无违章问题，符合条件的当场办结。

（5）办理程序

1）受理审核。

①查验纳税人出示证件是否有效。

②证件资料是否齐全、合法、有效，《扣缴义务登记表》填写是否完整准确，印章是否齐全。

③审核扣缴义务人《扣缴义务登记表》填写内容与附报资料是否一致，原件与复印件是否相符，复印件是否注明"与原件相符"字样并由扣缴义务人签章，核对后原件返还纳税人。

④纸质资料不全或者填写有误的，应当场一次性告知纳税人补正或重新填报。

⑤依据纳税人提供的协议合同等审核是否属逾期办理扣缴登记，如逾期登记则进行违法违章处理后再办理登记事项。

2）核准、发放证件。符合条件的，核准纳税人的扣缴义务登记信息。如已办理税务登记的扣缴义务人，只在税务登记证件上登记扣缴义务事项，经系统核定其扣缴税种；对未办理税务登记的扣缴义务人，经系统录入扣缴登记信息。

收取工本费并开具行政性收费票据交付纳税人，发放税务登记证件。

4. 重新税务登记是怎样规定的？

答：（1）概述

对已经税务机关批准注销的纳税人由于恢复生产经营，或非正常注销的纳税人又重新纳入管理，或跨区迁移纳税人迁入时需对其进行重新税务登记。

（2）对纳税人的时限要求

1）对于已经税务机关批准注销的纳税人，应于其恢复生产经营之日起30日内申请重新办理税务登记。

2）对于非正常注销的纳税人应于重新纳入管理之日申请重新办理税务登记。

3）对于已注销的迁移纳税人，应当在原税务登记机关注销税务登记之日起30日内向迁达地税务机关申报办理重新税务登记。

（3）税务机关承诺时限

提供资料完整、填写内容准确、各项手续齐全，自受理之日起2个工作日内转下一环节。

（4）办理程序

1）受理审核。

①审核《重新税务登记申请核准表》填写是否完整准确，印章是否齐全。

②按照税务登记事项审核提供的附送资料是否齐全、合法、有效。

③纸质资料不全或者填写内容不符合规定的，应当场一次性告知

纳税人补正或重新填报。

2）核准。对经审核无误的，核准纳税人的重新税务登记申请，在其报送的《重新税务登记申请核准表》上签署意见并签章，在系统中录入《重新税务登记申请核准表》。

5. 当税务登记证件内容变化时，如何进行变更登记？

答：（1）概述

纳税人税务登记内容发生变化的，应当向原税务登记机关申请办理变更税务登记。

（2）纳税人应提供资料

1）工商营业执照及工商变更登记表复印件。

2）组织机构统一代码证书（副本）原件（涉及变动的提供）。

3）业主或法定代表人身份证件的原件及复印件（涉及变动的提供）。

4）场地使用证明。自有房屋的提供房屋产权证，租赁房屋的提供租房协议和出租方的房屋产权证复印件，无房屋产权证的提供情况说明，无偿使用的提供无偿使用证明（地址）（涉及变动的提供）。

5）《税务登记证》正、副本原件。

（3）对纳税人的时限要求

纳税人已在工商行政机关或其他机关办理变更登记的，应当自办理工商变更登记之日起 30 日内向原税务登记机关申报办理变更登记。

（4）税务机关承诺时限

提供资料完整、填写内容准确、各项手续齐全、无违章问题，符合条件的当场办结；如纳税人提交的证件和资料明显有疑点的，自受理之日起 2 个工作日内转下一环节，经核实符合规定的，自受理之日起 30 日内发放税务登记证件。

（5）办理程序

1）受理审核。

①证件资料是否齐全、合法、有效，《变更税务登记表》填写是否完整准确，印章是否齐全。

②审核纳税人《变更税务登记表》填写内容与附报资料是否一致，

原件与复印件是否相符，复印件是否注明"与原件相符"字样并由纳税人签章，核对后原件返还纳税人。

③纸质资料不全或者填写内容不符合规定的，应当场一次性告知纳税人补正或重新填报。

④根据营业执照变更日期审核纳税人是否逾期办理变更税务登记，如纳税人逾期申请办理变更税务登记，则进行违法违章处理。

⑤如纳税人提供资料完整、填写内容准确、各项手续齐全，在其报送的《变更税务登记表》上签署意见，在系统中录入税务登记变更内容；对于提交的证件、资料中有疑点的，须打印《税务文书受理通知单》或《文书受理回执单》交纳税人，制作相应文书通知属地税源管理部门进行实地调查，经属地税源管理部门调查核实后于20个工作日内向综合服务窗口反馈，根据核查情况决定是否予以发放税务登记证件。

2）核准、发放证件。核准纳税人的变更税务登记信息。

收取税务登记工本费并开具行政性收费票据交付纳税人，对从事个体经营的下岗失业人员、高校毕业生凭相关证件经审核无误后免交税务登记证工本费。

发放税务登记证件。

6. 变更其他税务登记内容时，如何进行登记？

答：（1）业务概述

纳税人税务登记内容发生变化的，应当向原税务登记机关申请办理变更税务登记。

（2）纳税人应提供资料

纳税人变更登记内容的决议及有关证明文件。

（3）对纳税人的时限要求

纳税人已在工商行政机关办理变更登记的，应当自办理工商变更登记之日起30日内向原税务登记机关申报办理变更登记；

纳税人按照规定不需要在工商行政机关办理变更登记，或者其变更登记的内容与工商登记内容无关的，应当自税务登记内容实际发生变化之日起 30 日内，或者自有关机关批准或者宣布变更之日起 30 日内，向原税务登记机关申报办理变更登记。

（4）税务机关承诺时限

提供资料完整、填写内容准确、各项手续齐全、无违章问题，符合条件的当场办结；如纳税人提交的证件和资料明显有疑点的，在 2 个工作日内转下一环节，经核实符合规定的，自受理之日起 30 日内发放税务登记证件。

（5）办理程序

1）受理审核。

①证件资料是否齐全、合法、有效，《变更税务登记表》填写是否完整准确，印章是否齐全。

②审核纳税人《变更税务登记表》填写内容与附报资料是否一致，原件与复印件是否相符，复印件是否注明"与原件相符"字样并由纳税人签章，核对后原件返还纳税人。

③纸质资料不全或者填写内容不符合规定的，应当场一次性告知纳税人补正或重新填报。

④根据纳税人提供的变更登记内容的决议及有关证明文件审核纳税人是否逾期办理变更税务登记，如纳税人逾期申请办理变更税务登记，则进行违法违章处理。

2）核准。如纳税人提供资料完整、填写内容准确、各项手续齐全，在其报送的《变更税务登记表》上签署意见，经综合征管信息系统中录入税务登记变更内容；如对于纳税人提供的证件、资料中的信息有疑点的，须打印《税务文书受理通知单》或《文书受理回执单》交纳税人，制作相应文书通知属地税源管理部门进行实地调查，经属地税源管理部门调查核实后于 20 个工作日内向综合服务窗口反馈，根据核查情况录入税务登记变更内容。

7. 如何进行停业登记？

答：（1）概述

实行定期定额征收方式的个体工商户需要停业的，应当向税务登记机关办理停业登记。

（2）纳税人应提供资料

1）《税务登记证》正、副本。

2）《发票领购簿》及未使用的发票。

（3）对纳税人的时限要求

实行定期定额征收方式的个体工商户需要停业的，应当在发生停业的上月向税务机关申请办理停业登记；已办理停业登记的纳税人停业期满不能及时恢复生产经营的，应当在停业期满前向税务机关提出延长停业登记申请。

（4）税务机关承诺时限

提供资料完整、填写内容准确、各项手续齐全，符合条件的当场办结。

（5）办理程序

1）查验资料。查验纳税人提供证件是否有效。

2）受理审核。

①通过系统审核纳税人是否为定期定额征收方式纳税人，如不为定期定额征收方式纳税人，则不予受理纳税人提出的停业申请。

②核对纳税人提供的税务登记证正副本、发票领购簿、未使用完的发票是否齐全、合法、有效，《停业复业（提前复业）报告书》填写是否完整准确，印章是否齐全。

③纸质资料不全或者填写内容不符合规定的，应当场一次性告知纳税人补正或重新填报。

④审核纳税人的申请停业期限，最长不得超过1年。

⑤通过系统审核纳税人是否有未结清应纳税款、滞纳金、罚款，是否有未结案件，如存在以上情形，告知纳税人结清税款、滞纳金、罚款，未结案件结案，方可受理停业登记申请。

3）核准。如纳税人提供资料完整、填写内容准确、各项手续齐全、符合停业条件的，在其报送的《停业复业（提前复业）报告书》上签署意见，收存纳税人有关税务登记证正副本、发票领购簿、未使用完的发票等；经系统录入停业核准信息，制作《税务事项通知书》

交纳税人。

8. 如何进行复业登记?

答：（1）概述

办理停业登记的个体工商户，应当在恢复生产经营之前向税务登记机关申报办理复业登记。

（2）纳税人应提供资料

《停业复业（提前复业）报告书》。

（3）对纳税人的时限要求

纳税人按核准的停业期限准期复业的，应当在停业到期前向税务机关申请办理复业登记；提前复业的，应当在恢复生产经营之前向税务机关申报办理复业登记。

（4）税务机关承诺时限

提供资料完整、填写内容准确、各项手续齐全，符合条件的当场办结。

（5）办理程序

1）按照《停业复业（提前复业）报告书》将收存的税务登记证正副本、发票领购簿、未使用完的发票全部返还纳税人并启用。

2）准期复业的，以核准停业期满次日作为复业日期；提前复业的，以提前复业的日期作为复业日期；对停业期满未申请延期复业的纳税人，按准期复业处理，在系统中正确录入复业信息。

9. 如何进行注销税务登记?

答：（1）概述

纳税人发生解散、破产、撤销以及其他情形，依法终止纳税义务的，应当在向工商行政管理机关或者其他机关办理注销登记前，持有关证件和资料向原税务登记机关申报办理注销税务登记；按规定不需要在工商行政管理机关或者其他机关办理注销登记的，应当自有关机关批准或者宣告终止之日起 15 日内，持有关证件和资料向原税务登记机关申报办理注销税务登记。

纳税人因住所、经营地点变动，涉及改变税务登记机关的，应当在向工商行政管理机关或者其他机关申请办理变更、注销登记前，或者住所、经营地点变动前，持有关证件和资料，向原税务登记机关申报办理注销税务登记。

（2）纳税人应提供的资料

1)《税务登记证》正、副本。

2）上级主管部门批复文件或董事会决议及复印件。

3）工商营业执照被吊销的应提交工商行政管理部门发出的吊销决定及复印件。

（3）对纳税人的时限要求

1）纳税人发生解散、破产、撤销以及其他情形，依法终止纳税义务的，应当在向工商行政管理机关或者其他机关办理注销登记前，持有关证件向原税务登记机关申报办理注销税务登记。

2）按照规定不需要在工商行政管理机关或者其他机关办理注销登记的，应当自有关机关批准或者宣告终止之日起15日内，持有关证件向原税务登记机关申报办理注销税务登记。

3）纳税人因住所、经营地点变动，涉及改变税务登记机关的，应当在向工商行政管理机关或者其他机关申请办理变更、注销登记前，或者住所、经营地点变动前，持有关证件和资料，向原税务登记机关申报办理注销税务登记。

4）纳税人被工商行政管理机关吊销营业执照或者被其他机关予以撤销登记的，应当自营业执照被吊销或者被撤销登记之日起15日内，向原税务登记机关申报办理注销税务登记。

5）境外企业在中国境内承包建筑、安装、装配、勘探工程和提供劳务的，应当在项目完工、离开中国前15日内，持有关证件和资料，向原税务登记机关申报办理注销税务登记。

（4）税务机关承诺时限

提供资料完整、填写内容准确、各项手续齐全，符合受理条件的，自受理之日起在2个工作日内办结纳税人注销登记；在注销清算过程中未发现纳税人涉嫌偷、逃、骗、抗税或虚开发票等行为的，在办结受理前的涉税事项的，应在受理后 2 个工作日内办结。

（5）办理程序

1）受理。

①证件资料是否齐全、合法、有效，《注销税务登记表》填写是否完整准确，印章是否齐全。

②纸质资料不全或者填写内容不符合规定的，应当场一次性告知纳税人补正或重新填报。

③审核纳税人是否在规定时限内办理注销税务登记，如未按规定时限，则进行违法违章处理。

2）清算。接收上一环节转来的资料后，进行清算，主要包括：

审核纳税人是否已办结下列涉税事项：取消相关资格认定；结清税款、多退（免）税款、滞纳金、罚款；结存发票作验旧、缴销处理；办结申报事项；防伪税控纳税人取消防伪税控资格、交回防伪税控设备；未结案件。

对纳税人未办结的涉税事项进行实地清算，收回税务登记证件。

3）核准。通过以上审核，核准注销税务登记申请，在其报送的《注销税务登记申请审批表》上签署意见，经系统录入注销登记信息，制作《税务事项通知书》送达纳税人，将相关资料归档。

10. 对纳税人外埠经营如何进行登记？

答：（1）概述

从事生产、经营的纳税人到外县（市）临时从事生产、经营活动的，应当持税务登记证副本和所在地税务机关填开的外出经营活动税收管理证明，向营业地税务机关报验登记，接受税务管理。在经营活动结束后向外出经营地税务机关申报核销。

（2）纳税人应提供的资料

税务登记证副本。

（3）对纳税人的时限要求

纳税人应当在《外出经营活动税收管理证明》注明地进行生产经营前，向当地税务机关报验。

纳税人外出经营活动结束，应当向经营地税务机关填报《外出经营活动情况申报表》，并结清税款、缴销发票。

（4）税务机关承诺时限

提供资料完整、填写内容准确、各项手续齐全，符合条件的当场办结。

（5）办理程序

1）受理审核。查验纳税人提供的《税务登记证》副本、《外出经营活动税收管理证明》的有效性；审核报验登记的日期是否在《外出经营活动税收管理证明》注明的生产经营有效期起效之前，如果逾期办理报验登记，则进行违法违章处理。

2）核准。符合条件的，受理其外出经营活动报验登记，经系统录入外埠经营活动税收证明，纳入税务管理。

3）核销。纳税人经营活动结束申请核销时，根据税源管理部门查验和管理后反馈的信息，审核纳税人《外出经营活动情况申报表》的税款缴纳、发票使用情况，如存在未结清税款、未交回发票，责成纳税人重新填报《外出经营活动情况申报表》，并按规定结清税款、交回发票后，按照《外出经营活动情况申报表》填写《外出经营活动税收管理证明》，签署意见退还纳税人作核销证明，经系统录入外埠经营活动申报情况，核销外埠经营活动税收证明。

11. 如何进行税务登记的验证、换证工作？

答：（1）概述

税务机关对税务登记证件实行定期验证和换证制度，纳税人应当在规定的期限内持有关证件到主管税务机关办理验证或者换证手续。

（2）纳税人应提供的资料

1）《税务登记证》正、副本。

2）工商营业执照副本。

（3）对纳税人的时限要求

凡在国税机关已办理税务登记的纳税人，应当在国税机关公告的时间内申请税务登记证验证、换证。

（4）税务机关承诺时限

提供资料完整、填写内容准确、各项手续齐全，符合条件的当场办结。

（5）办理程序

1）受理审核。查验纳税人出示营业执照的有效性。

①证件资料是否齐全、合法、有效，《税务登记表》填写是否完整准确，印章是否齐全。

②纸质资料不全或者填写有误的，应当场一次性告知纳税人补正或重新填报。

③查验纳税人提供的税务登记证件、营业执照是否有效、一致，如不一致，告知纳税人首先变更税务登记内容。

2）核准、发放证件。对经审核无误的，在其报送的《税务登记表》上签章并注明受理日期、核准日期，经综合征管信息系统中录入税务登记验、换证信息，验证纳税人的税务登记证副本副页加盖"已验证"戳记，换发税务登记证件的转入工本费收取、发放证件环节。

收取税务登记工本费并开具行政性收费票据交付纳税人，对从事个体经营的下岗失业人员、高校毕业生凭相关证件经审核无误后免交税务登记证工本费。

收回旧税务登记证件，换发新的税务登记证件。

12. 纳税人遗失税务证件后，应怎么办？

答：（1）概述

纳税人、扣缴义务人遗失税务登记证件的，应当书面报告主管税务机关，如实填写《税务登记证件遗失报告表》，并将纳税人的名称、税务登记证件名称、税务登记证件号码、税务登记证件有效期、发证机关名称在税务机关认可的报刊上作遗失声明，凭报刊上刊登的遗失声明向主管税务机关申请补办税务登记证件。

（2）纳税人应提供的资料

1）刊登遗失声明的版面原件和复印件。

2）刊登遗失声明的报纸、杂志的报头或者刊头。

（3）对纳税人的时限要求

纳税人、扣缴义务人遗失税务登记证件的，应当自遗失税务登记证件之日起 15 日内，书面报告主管税务机关。

（4）税务机关承诺时限

提供资料完整、填写内容准确、各项手续齐全，符合条件的当场办结。

（5）办理程序

1）受理审核。

①证件资料是否齐全、合法、有效，《税务证件挂失报告表》填写是否完整准确，印章是否齐全。

②纸质资料不全或者填写有误的，应当场一次性告知纳税人补正或重新填报。

2）核准。如纳税人提供资料完整、填写内容准确、各项手续齐全的，在《税务证件挂失报告表》签署意见，经系统录入证件流失信息。

13. 什么是证件重新发放？

答：（1）概述

纳税人、扣缴义务人税务证件遗失后可向主管税务机关申请补办，税务机关在核实相关材料后对遗失证件重新发放。

（2）纳税人应提供的资料

税务机关的相关处理决定资料。

（3）税务机关承诺时限

提供资料完整、各项手续齐全，符合条件的当场办结。

（4）办理程序

1）受理审核。审查相关税务处理决定是否真实。

2）核准。符合条件的，核准重新发放证件，税务登记证件需进行工本费收取。

14. 对存款账户的账号，需要向税务机关报告吗?

答:（1）概述

从事生产、经营的纳税人应当按照国家有关规定，持税务登记证件，在银行或者其他金融机构开立基本存款账户和其他存款账户，并将其全部账号向税务机关报告。

（2）纳税人应提供的资料

1）需出示的资料:《税务登记证》（副本）。

2）需报送的资料: 银行开户许可证及复印件。

（3）对纳税人的时限要求

从事生产、经营的纳税人应当自开立基本存款账户或者其他存款账户之日起 15 日内，向主管税务机关书面报告其全部账号；发生变化的，应当自变化之日起 15 日内，向主管税务机关书面报告。

（4）税务机关承诺时限

提供资料完整、填写内容准确、各项手续齐全，符合条件的当场办结。

（5）办理程序

1）查验纳税人出示证件的有效性。

2）证件资料是否齐全、合法、有效，《纳税人存款账户账号报告表》填写是否完整准确，印章是否齐全，与附报资料是否一致，原件与复印件是否相符，复印件是否注明"与原件相符"字样并由扣缴义务人签章，核对后原件返还纳税人。

3）纸质资料不全或者填写有误的，应当场一次性告知纳税人补正或重新填报。

4）审核是否逾期办理银行账号报告，如逾期办理则进行违法违章处理。

5）经系统录入纳税人的银行账号。

15. 纳税人跨县（区）迁入、迁出，应如何进行税务登记？

答：（1）纳税人迁入

1）概述。纳税人因住所、经营地点变动，涉及改变税务登记机关的，应当在向工商行政管理机关或者其他机关申请办理变更、注销登记前，或者住所、经营地点变动前，持有关证件和资料，向原税务登记机关申报办理注销税务登记，并自注销税务登记之日起30日内向迁达地税务机关申报办理税务登记。

2）纳税人应提供的资料。《纳税人迁移通知书》。

3）对纳税人的时限要求。纳税人因住所、经营地点变动，涉及改变税务登记机关的，应当在原税务机关办理注销税务登记之日起30日内向迁达地税务机关申报办理税务登记。

4）税务机关承诺时限。提供资料完整、填写内容准确、各项手续齐全，符合条件的当场办结。

5）办理程序。税务机关受理审核证件资料是否齐全、合法、有效。

如纳税人提供资料完整、填写内容准确、各项手续齐全，经系统录入迁入信息，纳入税务管理。

（2）纳税人迁出

1）概述。纳税人因住所、经营地点变动，涉及改变税务登记机关的，应当在向工商行政管理机关或者其他机关申请办理变更、注销登记前，或者住所、经营地点变动前，持有关证件和资料，向原税务登记机关申报办理注销税务登记后迁出。

2）纳税人应提供的资料。工商营业执照副本。

3）对纳税人的时限要求。纳税人跨县（区）迁出的，应当在工商行政管理机关或者其他机关申请办理变更、注销登记前，或者住所、经营地点变动前办理跨县（区）迁出事项。

4）税务机关承诺时限。提供资料完整、填写内容准确、各项手续齐全，符合条件的当场办结。

5）办理程序。税务机关受理审核：查验纳税人出示证件的有效性；证件资料是否齐全、合法、有效；审核纳税人是否已办结注销事项，如未办结，则不予受理，告知纳税人办结注销事项后再办理迁出。

符合条件的，经系统录入迁出信息，核准纳税人的跨区迁出事项，制作《纳税人迁移通知书》交纳税人。

第二章 认定管理疑难问答

1. 什么是税种登记？

答：（1）概述

在对纳税人进行设立登记后，税务机关根据纳税人的生产经营范围及税法的有关规定，对纳税人的纳税事项和应税项目进行核定，即税种核定。

（2）纳税人应提供的资料

分支机构需报送《汇总申报缴纳所得税确认单》（适用于外商投资企业）。

（3）对纳税人的时限要求

纳税人应在办理税务登记的同时办理税种登记。

（4）税务机关承诺时限

提供资料完整、填写内容准确、各项手续齐全，符合条件的当场办结。

（5）办理程序

1）受理审核。纸质资料不全或者填写有误的，应当场一次性告知纳税人补正或重新填报。

2）核准。根据纳税人的生产经营范围，依据相关法律法规核准纳税人税种，经系统录入税种信息。

2. 出口货物退（免）税认定是怎样规定的？

答：（1）概述

对外贸易经营者按《中华人民共和国对外贸易法》和商务部《对外贸易经营者备案登记办法》的规定办理备案登记后，没有出口经营资格的生产企业委托出口自产货物（含视同自产产品），应分别在备案登记后，代理出口协议签订之日起30日内，到主管税务机关退税部门办理出口货物退（免）税认定手续。

特定退（免）税的企业和人员办理出口货物退（免）税认定手续按国家有关规定执行。

（2）纳税人应提供的资料

1）需出示的资料：《税务登记证》（副本）。

2）需报送的资料：

①已办理备案登记并加盖备案登记专用章的《对外贸易经营者备案登记表》原件及复印件，没有出口经营资格的生产企业委托出口货物的提供代理出口协议原件及复印件。

②海关自理报关单位注册登记证明书原件及复印件（无进出口经营资格的生产企业委托出口货物的不需提供）。

③外商投资企业提供《中华人民共和国外商投资企业批准证书》原件和复印件。

④特许退（免）税的单位和人员还须提供现行有关出口货物退（免）税规定要求的其他相关凭证。

（3）对纳税人的时限要求

对外贸易经营者（包括从事对外贸易经营活动的法人、其他组织和个人）应在办理对外贸易经营者备案登记后30日内，持有关证件，到主管税务机关退税部门申请办理出口货物退（免）税认定手续。

没有出口经营资格的生产企业委托出口自产货物（含视同自产产品）的，应在代理出口协议签订之日起30日内，持有关证件，到主管税务机关退税部门申请办理出口货物退（免）税认定手续。

（4）税务机关承诺时限

提供资料完整、填写内容准确、各项手续齐全、无违章问题，符合条件的当场办结；如出口商提交的证件和资料明显有疑点的，在2个工作日内转下一环节，经核实符合规定的，自受理之日起20个工作日内办结。

（5）办理程序

1）受理环节。

①查验资料。查验出口商出示的证件是否有效。

②核对资料。审查出口商提供的证件、资料是否齐全、合法、有效；核对出口商提供的各种资料的复印件内容是否与原件相符，复印件是否注明"与原件相符"字样并由出口商签章，核对后原件返还出口商；审查《出口货物退（免）税认定表》填写是否完整、准确，填写内容与附送证件、资料相关内容是否一致，签字、印章是否齐全；纸质资料不齐全或者填写内容不符合规定的，应当场一次性告知出口商补正或重新填报；符合受理条件的，制作回执交出口商。

核对无误后，将出口商报送的所有资料转到下一环节。

2）后续环节。接收上一环节转来的信息资料，审核以下内容：

①通过系统调阅以下资料实施审核：税务登记信息；增值税一般纳税人资格认定信息；退税账户账号信息；企业法人营业执照信息。

②通过以上审核，提交审批人签字（或签章）后，加盖公章（或业务专用章），退一份给出口商，在系统中录入核准的出口货物退（免）税认定信息。

3. 出口货物退（免）税认定内容发生变更的，应进行变更认定吗？

答：（1）概述

已办理出口货物退（免）税认定的出口商，其认定内容发生变化的，须向主管税务机关退税部门申请办理出口货物退（免）税认定变更手续。

（2）纳税人应提供的资料

1）需出示的资料：《税务登记证》（副本）。

2）需报送的资料：

①有关管理机关批准的文件、证明材料（原件及复印件）。

②已变更的《对外贸易经营者备案登记表》原件及复印件（无进出口经营权的生产企业委托出口自产货物的不需提供）。

③已变更的《海关自理报关单位注册登记证明书》原件及复印件（无进出口经营权的生产企业委托出口自产货物的不需提供）。

（3）对纳税人的时限要求

出口商应自有关管理机关批准变更之日起 30 日内向主管税务机关退税部门申请办理出口货物退（免）税认定变更手续。

（4）税务机关承诺时限

提供资料完整、填写内容准确、各项手续齐全、无违章问题，符合条件的当场办结；如出口商提交的证件和资料明显有疑点的，在 2 个工作日内转下一环节，经核实符合规定的，自受理之日起 20 个工作日内办结。

（5）办理程序

1）受理环节。

①查验资料。查验出口商出示的证件是否有效。

②核对资料。审查出口商提供的证件、资料是否齐全、合法、有效；核对出口商提供的各种资料的复印件内容是否与原件相符，复印件是否注明"与原件相符"字样并由出口商签章，核对后原件返还出口商；审查《出口货物退（免）税认定表》填写是否完整、准确，填写内容与附送证件、资料相关内容是否一致，签字、印章是否齐全；纸质资料不齐全或者填写内容不符合规定的，应当场一次性告知出口商补正或重新填报；符合受理条件的，制作回执交出口商。

核对无误后，将出口商报送的所有资料转下一环节。

2）后续环节。接收上一环节转来的信息资料，审核以下内容：

①通过系统调阅以下资料实施审核：税务登记信息；增值税一般纳税人资格认定信息；退税账户账号信息；企业法人营业执照信息。

②通过以上审核，提交审批人签字（或签章）后，加盖公章（或业务专用章），退一份给出口商，在系统中录入核准的出口货物退（免）税认定信息。

4. 出口货物退（免）税发生终止事项时，应进行注销认定吗？

答：（1）概述

出口商发生解散、破产、撤销以及其他依法应终止出口货物退（免）税事项的，须向主管税务机关退税部门申请办理出口货物退（免）税注销认定手续。

（2）纳税人应提供的资料

1）需出示的资料：《税务登记证》（副本）。

2）需报送的资料：

①办理出口货物退（免）税认定注销申请报告。

②原《出口货物退（免）税认定表》。

（3）对纳税人的时限要求

出口商自发生解散、破产、撤销以及其他依法应终止出口货物退免税事项之日起 30 日内向所在地主管税务机关退税部门申请办理出口货物退（免）税注销认定手续。

（4）税务机关承诺时限

提供资料完整、填写内容准确、各项手续齐全、无违章问题，符合条件的当场办结；如明显有疑点的，在 2 个工作日内转下一环节，经核实符合规定的，自受理之日起 20 个工作日内办结。

（5）办理程序

1）受理环节。

①查验资料。查验纳税人出示的证件是否有效。

②核对资料。审查出口商提供的资料是否齐全、合法、有效，《出口货物退（免）税认定注销表》填写是否完整准确，印章是否齐全；纸质资料不齐全或者填写内容不符合规定的，应当场一次性告知出口商补正或重新填报；符合受理条件的，制作回执交出口商。

核对无误后，将出口商报送的所有资料转下一环节。

2）后续环节。

①结清出口商的出口货物退（免）税款。

②通过系统调阅以下资料实施审核：税务登记信息；增值税一般纳税人资格认定信息；退税账户账号信息；企业法人营业执照信息。

③经过以上步骤，核准注销出口货物退（免）税认定，在审核通过的《出口货物退（免）税认定注销表》签署审核意见，提交审批人签字（或签章）后，加盖公章（或业务专用章），退一份给出口商，在系统录入出口货物退（免）税认定注销信息。

5. 纳税人纳税申报方式有哪几种？如何进行认定审批？

答：（1）概述

纳税人、扣缴义务人可以直接到税务机关办理纳税申报或者报送代扣代缴、代收代缴税款报告表，也可以按照规定采取邮寄、数据电文或者其他方式办理上述申报、报送事项。税务机关应当建立、健全纳税人自行申报纳税制度。经税务机关批准，纳税人、扣缴义务人可以采取邮寄、数据电文方式办理纳税申报或者报送代扣代缴、代收代缴税款报告表。

（2）税务机关承诺时限

提供资料完整、填写内容准确、各项手续齐全，符合条件的当场办结。

（3）办理程序

1）受理审核。纳税人提供资料齐全，受理纳税人的申请；纸质资料不全或者填写有误的，应当场一次性告知纳税人补正或重新填报。

2）核准。在系统录入《邮寄（数据电文）申报申请核准表》信息，核准纳税人的申报方式，制作《税务事项通知书》交纳税人。

6. 一般纳税人采取简易办法征收时，如何进行认定审批？

答：（1）概述

增值税一般纳税人生产销售特定的货物，申请采用简易办法征收增值税的，主管税务机关对其申请进行受理、调查、审批的业务。

（2）税务机关承诺时限

申请表填写内容准确、各项手续齐全，符合受理条件的当场受理，自受理之日起 2 个工作日内转下一环节；税务机关自受理之日起 20 个工作日内办结。

（3）办理程序

1）受理环节。对以下内容进行审核：

①通过系统调阅税务登记信息、一般纳税人认定信息。

②审核《一般纳税人简易征收申请审批表》填写是否完整准确，印章是否齐全；填写有误或者不符合规定，应当场一次性告知纳税人补正或重新填报。

③符合受理条件的，在系统中录入《一般纳税人简易征收申请审批表》，打印《税务文书受理通知单》或《文书受理回执单》交给纳税人。

审核无误后，将纳税人报送的所有资料转下一环节。

2）后续环节。接收上一环节转来的资料后，调阅其工商登记信息、税务登记信息内容，对其进行审核。

根据审核情况，确定审批意见，制作《税务事项通知书》返还纳税人。

7. 非商贸企业增值税一般纳税人，如何进行认定？

答：（1）概述

增值税一般纳税人认定是指新开业的纳税人、达到一般纳税人标准的小规模纳税人，主管税务机关对其一般纳税人认定申请，进行受理、调查、审核、审批的业务。

（2）纳税人应提供的资料

1）纳税人书面申请报告。

2）分支机构需提供总机构所在地主管税务机关批准其总机构为一般纳税人的证明（总机构申请认定表的复印件）。

（3）对纳税人的时限要求

1）新开业的符合一般纳税人条件的企业，应在办理税务登记的同时申请办理一般纳税人认定手续。

2）已开业的小规模企业，其年应税销售额达到一般纳税人标准的，应在次年1月底以前申请办理一般纳税人认定手续。

（4）税务机关承诺时限

提供资料完整、填写内容准确、各项手续齐全，符合受理条件的当场受理，自受理之日起2个工作日内转下一环节；税务机关自受理之日起30个工作日内办结。

（5）办理程序

1）受理环节。

①查验资料。查验纳税人出示的证件、资料是否齐全、有效。

②审核。通过系统调阅纳税人税种登记信息，核实纳税人是否登记增值税税种信息；审核《增值税一般纳税人申请认定表》填写是否完整准确，印章是否齐全；审核纳税人《增值税一般纳税人申请认定表》填写内容与附报资料是否一致；审核纳税人提供的原件与复印件是否相符，复印件是否注明"与原件相符"字样并由纳税人签章，核对后原件返还纳税人；纸质资料不全或填写不符合规定的，应当场一次性告知纳税人补正或重新填报；符合受理条件的，在系统中录入《增值税一般纳税人申请认定表》，打印《税务文书受理通知单》或《文书受理回执单》交给纳税人。

审核无误后，将纳税人报送的所有资料转下一环节。

2）后续环节。接收上一环节转来的信息资料，进行案头审核和实地调查。

①案头审核，主要审核以下内容：工商营业执照或其他核准执业证件信息；《税务登记证》（副本）及复印件；银行开户许可证及复印件；组织机构统一代码证书；合同章程协议书；验资证明及资金入户原始凭证；生产、经营场所证明；法定代表人（负责人）身份证明、财务负责人身份证明和会计证、办税人员身份证明；增值税申报表信息。

审核与纳税人提供的《增值税一般纳税人申请认定表》填写信息是否一致，与纳税人的登记注册信息是否相符等。

②实地调查，主要核实以下内容：

纳税人的实际生产经营情况与申请认定信息是否相符，会计核算是否健全，能否准确核算并提供销项税额、进项税额。

根据调查情况，确定审批意见，在纳税人《税务登记证》副本首页上方加盖"增值税一般纳税人"确认专章，连同一份《增值税一般纳税人申请认定表》返还纳税人。

8. 新办商贸企业如何申请认定为增值税一般纳税人？

答：（1）概述

新办商贸企业申请认定增值税一般纳税人是指新设立税务登记的商贸企业，主管税务机关对其认定增值税一般纳税人申请，进行受理、调查、审核、审批的业务。

（2）纳税人应提供的资料

1）增值税一般纳税人认定申请报告。

2）货物购销合同或书面意向，供货企业提供的货物购销渠道证明。

3）分支机构在办理认定手续时，须提供总机构国税税务登记证副本原件及复印件、总机构所在地主管税务机关批准总机构为一般纳税人的证明（总机构申请认定表的影印件）、总机构董事会决议复印件。

4）出口企业提供由商务部或其授权的地方对外贸易主管部门加盖备案登记专用章的有效《对外贸易经营者备案登记表》。

（3）对纳税人的时限要求

新开业的符合一般纳税人条件的商贸企业，应在办理税务登记的同时申请办理一般纳税人认定手续。

（4）税务机关承诺时限

提供资料完整、填写内容准确、各项手续齐全，符合受理条件的当场受理，自受理之日起2个工作日内转下一环节；税务机关自受理之日起30个工作日内办结。

（5）办理程序

1）受理环节。

①查验资料。查验纳税人出示的证件、资料是否齐全、有效。

②审核。审核《增值税一般纳税人申请认定表》填写是否完整准确，印章是否齐全；审核纳税人提供的原件与复印件是否相符，复印件是否注明"与原件相符"字样并由纳税人签章，核对后原件返还纳税人；纸质资料不全或填写不符合规定的，应当场一次性告知纳税人补正或重新填报；符合受理条件的，在系统中录入《增值税一般纳税人申请认定表》，打印《税务文书受理通知单》或《文书受理回执单》交给纳税人。

审核无误后，将纳税人报送的所有资料转下一环节。

2）后续环节。接收上一环节转来的资料后，进行案头审核、约谈和实地查验。

①案头审核。主要有以下内容：工商营业执照或其他核准执业证件信息；税务登记信息；企业法定代表人、办税人员的身份证明（包括居民身份证原件及复印件、护照原件及复印件）；企业用自有房屋作为经营场地的，调阅房屋房产证复印件；租赁经营场地的，调阅租赁协议复印件；出口企业在申请认定一般纳税人资格时，应提供由商务部或其授权的地方对外贸易主管部门加盖备案登记专用章的有效《对外贸易经营者备案登记表》。

上述资料与纳税人提供的《增值税一般纳税人申请认定表》填写信息是否一致，与纳税人的登记注册信息是否相符等。

②约谈。与企业法定代表人约谈，应着重了解企业登记注册情况、企业章程、组织结构、决策的程序、管理层的情况、经营范围及经营状况等企业的整体情况。

与企业出资人约谈，应着重了解出资人与企业经营管理方面的关系。

与主管财务人员约谈，应着重了解企业的银行账户情况、企业注册资金及经营资金情况、销售收入情况，财务会计核算情况、纳税申报和实际缴税情况。

与销售，采购、仓储运输等相关业务主管人员约谈，了解企业购销业务的真实度。对于约谈的内容，要做好记录，并有参与约谈的人员签字。

③实地查验。查验内容包括：营业执照和税务登记证、企业经营场所的所有权或租赁证明、原材料和商品的出入库单据，运费凭据、水电等费用凭据、法定代表人和主要管理人员身份证明、财务人员的资格证明、银行存款证明，有关机构的验资报告、购销合同原件及公证资料、资金往来账等。

除按照上述查验内容全面核查外，对生产企业要特别检查有无生产厂房、设备等必备的生产条件；对商贸零售企业要特别检查有无固定经营场所和拥有货物实物；对大中型商贸企业要特别核实注册资金、银行存款证明、银行账户及企业人数。

根据案头审核、约谈和实地调查情况，确定审批意见，返还纳税人一份《增值税一般纳税人申请认定表》。

9. 增值税一般纳税人的转正认定是怎样规定的?

答:（1）概述

增值税一般纳税人转正认定是指一般纳税人暂认定到期或辅导期满，主管税务机关对其正式认定申请进行受理、调查、审批的业务。

（2）对纳税人的时限要求

纳税人应在辅导期或暂认定期满的前一个月内提出转正申请。

（3）税务机关承诺时限

提供资料完整、填写内容准确、各项手续齐全，符合受理条件的当场受理，自受理之日起 2 个工作日内转下一环节；税务机关自受理之日起 20 个工作日内办结。

（4）办理程序

1）受理环节。

①查验资料。查验纳税人出示的证件、资料是否齐全、有效。

②审核。通过系统调阅一般纳税人认定信息，审核暂认定期限或辅导期是否到期；审核《增值税一般纳税人申请认定表》填写是否完整准确，印章是否齐全，发现问题的应当场一次性告知纳税人补正或重新填报；符合受理条件的，将《增值税一般纳税人申请认定表》录入系统，打印《税务文书受理通知单》或《文书受理回执单》交给纳

税人。

审核无误后,将纳税人报送的所有资料转下一环节。

2)后续环节。接收上一环节转来的资料后,进行案头审核和实地调查。

①案头审核,主要有以下内容:法定代表人身份证明;会计身份证明;会计从业资格证书;税务登记证明;工商营业执照或其他核准执业证件信息;房屋租赁合同;增值税申报表信息。

核对纳税人提供的《增值税一般纳税人申请认定表》填写信息与上述资料是否一致,与纳税人的登记注册信息是否相符等。

②实地调查。主要核实:纳税评估的结论是否正常;约谈、实地查验的结果是否正常;企业申报、缴纳税款是否正常;企业是否能够准确核算进项、销项税额,并正确取得和开具专用发票和其他合法的进项税额抵扣凭证。

根据审核和实地调查情况,确定审批意见,返还纳税人一份《增值税一般纳税人申请认定表》。

10. 对残疾人就业税收优惠企业,怎样进行税务资格认定?

答:(1)概述

残疾人就业税收优惠企业税务资格认定是指由县以上民政部门或县级残疾人联合会审批认定,以及按照规定不需要民政部门或残疾人联合会认定的,从事生产销售货物或提供加工、修理修配劳务的纳税人,申请办理减免税、退税之前,主管税务机关对其进行税务资格认定的业务。申请税收优惠的残疾人个人,应当出具主管税务机关规定的材料,直接向主管税务机关申请减免税。

(2)纳税人应提供的资料

1)取得民政部门或残疾人联合会认定的单位,提交以下材料:

①经民政部门或残疾人联合会认定的纳税人,出具民政部门或残疾人联合会的书面审核认定意见及复印件。

②纳税人与残疾人签订的劳动合同或服务协议(副本)。

③纳税人为残疾人缴纳社会保险费缴费记录。

④纳税人向残疾人通过银行等金融机构实际支付工资凭证。

2）不需要民政部门或残疾人联合会认定的单位以及因认定部门向其收取费用直接向主管税务机关提出减免税申请的单位，提交以下材料：

①纳税人与残疾人签订的劳动合同或服务协议（副本）。

②纳税人为残疾人缴纳社会保险费缴费记录。

③纳税人向残疾人通过银行等金融机构实际支付工资凭证。

（3）税务机关承诺时限

提供资料完整、填写内容准确、各项手续齐全，符合受理条件的当场受理，自受理之日起 2 个工作日内转下一环节；税务机关自受理之日起 20 个工作日内办结。

（4）办理程序

1）受理环节。

①查验资料。查验民政部门或残疾人联合会的书面审核认定意见以及纳税人报送劳动合同或服务协议、社会保险费缴费记录、金融机构实际支付工资凭证等相关资料是否齐全、合法、有效。

②审核。审核《税务认定审批确认表》填写是否完整准确，印章是否齐全；审核纳税人提供的原件与复印件是否相符，复印件是否注明“与原件相符”字样并由纳税人签章，核对后原件返还纳税人；纸质资料不全或填写不符合规定的，应当场一次性告知纳税人补正或重新填报；符合受理条件的，在系统中录入《税务认定审批确认表》，打印《税务文书受理通知单》或《文书受理回执单》交给纳税人。

审核无误后，将纳税人报送的所有资料转下一环节。

2）后续环节。接收上一环节转来的资料后，调取其工商登记信息、税务登记信息对其进行案头审核。

通过以上审核，签署审批意见，制作《税务认定通知书》返还纳税人。

11. 对资源综合利用企业的税收优惠资格，应怎样进行认定？

答：（1）概述

回收和综合利用矿产资源开采加工过程中共生伴生资源、工业"三废"、社会再生资源和其他废弃资源，生产国家《资源综合利用目录》中规定的资源综合利用产品的企业，申请享受税收优惠政策之前，主管税务机关应对其进行税收优惠资格认定的业务。

（2）纳税人应提供的资料

1）产品质量执行标准和质量检测报告及其复印件。

2）《资源综合利用企业证书》及其复印件。

（3）税务机关承诺时限

提供资料完整、填写内容准确、各项手续齐全，符合受理条件的当场受理，自受理之日起 2 个工作日内转下一环节；税务机关自受理之日起 20 个工作日内办结。

（4）办理程序

1）受理环节。

①查验资料。查验纳税人出示的《资源综合利用企业证书》及产品质量执行标准和质量检测报告是否齐全、合法、有效。

②审核。审核《税务认定审批确认表》填写是否完整准确，印章是否齐全；审核纳税人提供的原件与复印件是否相符，复印件是否注明"与原件相符"字样并由纳税人签章，核对后原件返还纳税人；纸质资料不全或填写不符合规定的，应当场一次性告知纳税人补正或重新填报；符合受理条件的，在系统中录入《税务认定审批确认表》，打印《税务文书受理通知单》或《文书受理回执单》交给纳税人。

审核无误后，将纳税人报送的所有资料转下一环节。

2）后续环节。接收上一环节转来的资料后，调阅其税务登记信息、营业执照信息，审核纳税人提供的《资源综合利用企业证书》复印件及产品质量执行标准和质量检测报告复印件是否有效，与申请的资格认定是否相符。

根据审核情况，确定审批意见，制作《税务认定通知书》返还纳税人。

12. 对国有森工企业的税收优惠资格，应怎样进行认定？

答：（1）概述

以林区三剩物和次小薪材为原料生产加工综合利用产品的国有森工企业，申请享受税收优惠政策之前，主管税务机关对其进行税收优惠资格认定的业务。

（2）纳税人应提供的资料

1）经省级以上质量技术监督部门出具的产品质量合格报告。

2）《资源综合利用企业证书》及其复印件。

（3）税务机关承诺时限

提供资料完整、填写内容准确、各项手续齐全，符合受理条件的当场受理，自受理之日起 2 个工作日内转下一环节；税务机关自受理之日起 20 个工作日内办结。

（4）办理程序

1）受理环节。

①查验资料。查验《资源综合利用企业证书》及经省级以上质量技术监督部门出具的产品质量合格报告是否齐全、合法、有效。

②审核。审核《税务认定审批确认表》填写是否完整准确，印章是否齐全；审核纳税人提供的原件与复印件是否相符，复印件是否注明"与原件相符"字样并由纳税人签章，核对后原件返还纳税人；纸质资料不全或填写不符合规定的，应当场一次性告知纳税人补正或重新填报；符合受理条件的，在系统中录入《税务认定审批确认表》，打印《税务文书受理通知单》或《文书受理回执单》交给纳税人。

审核无误后，将纳税人报送的所有资料转下一环节。

2）后续环节。接收上一环节转来的资料后，调取其工商登记信息、税务登记信息及相关申报资料，对其进行案头审核。

通过以上审核，签署审批意见，制作《税务认定通知书》返还纳税人。

13. 对废旧物资回收企业的税收优惠资格，应怎样进行认定？

答：（1）概述

经工商行政管理部门核发营业执照，从事废旧物资回收经营业务的纳税人，申请享受税收优惠政策之前，主管税务机关对其进行税收优惠资格认定的业务。

（2）纳税人应提供的资料

固定的经营场所及仓储场地土地使用证及其复印件、房屋产权证及其复印件或租赁协议。

（3）税务机关承诺时限

提供资料完整、填写内容准确、各项手续齐全，符合受理条件的当场受理，自受理之日起 2 个工作日内转下一环节；税务机关自受理之日起 20 个工作日内办结。

（4）办理程序

1）受理环节。

①查验资料。查验纳税人出示的资料是否有效。

②审核。通过系统调阅纳税人税务登记信息，查验纳税人是否为废旧物资回收经营企业；审核《税务认定审批确认表》填写是否完整准确，印章是否齐全；审核纳税人提供的原件与复印件是否相符，复印件是否注明"与原件相符"字样并由纳税人签章，核对后原件返还纳税人；纸质资料不全或填写不符合规定的，应当场一次性告知纳税人补正或重新填报；符合受理条件的，在系统中录入《税务认定审批确认表》，打印《税务文书受理通知单》或《文书受理回执单》交给纳税人。

审核无误后，将纳税人报送的所有资料转下一环节。

2）后续环节。接收上一环节转来的资料后，进行案头审核和实地调查。

①案头审核，主要有以下内容：税务登记信息、营业执照信息。

主要核对与纳税人提供的《税务认定审批确认表》是否一致，企业申请的资格认定与纳税人的登记注册信息是否相符等。

②实地调查。通过实地调查，主要核实纳税人的实际生产经营情况与企业申请的资格认定信息是否相符，是否为废旧物资回收经营企业。

根据审核情况，确定审批意见，制作《税务认定通知书》返还纳税人。

14. 对生产新型墙体材料产品的企业税收优惠资格，应怎样进行认定？

答：（1）概述

回收和综合利用社会再生资源生产国家规定的新型墙体材料产品的企业，申请享受税收优惠政策之前，主管税务机关对其进行税收优惠资格认定的业务。

（2）纳税人应提供的资料

1）产品质量执行标准和质量检测报告及其复印件。

2）《新型墙体材料产品资质认定证书》及其复印件。

（3）税务机关承诺时限

提供资料完整、填写内容准确、各项手续齐全，符合受理条件的当场受理，自受理之日起 2 个工作日内转下一环节；税务机关自受理之日起 20 个工作日内办结。

（4）办理程序

1）受理环节。

①查验资料。查验《新型墙体材料产品资质认定证书》和产品质量执行标准和质量检测报告是否齐全、合法、有效。

②审核。审核《税务认定审批确认表》填写是否完整准确，印章是否齐全；审核纳税人提供的原件与复印件是否相符，复印件是否注明"与原件相符"字样并由纳税人签章；纸质资料不全或填写不符合规定的，应当场一次性告知纳税人补正或重新填报；符合受理条件的，将《税务认定审批确认表》录入系统，打印《税务文书受理通知单》或《文书受理回执单》交给纳税人。

审核无误后，将纳税人报送的所有资料转下一环节。

2）后续环节。接收上一环节转来的资料后，调取其工商登记信息、税务登记信息及相关申报资料内容，对其进行审核。

通过以上审核，签署审批意见，制作《税务认定通知书》返还纳税人。

15. 对政府储备食用植物油企业的税收优惠资格，应怎样进行认定？

答：（1）概述

按政策规定享受税收优惠政策的政府储备食用植物油企业，需申请办理资格认定，享受税收优惠政策。

（2）纳税人应提供的资料

拥有油权的政府或政府委托的粮食主管部门下发的正式批文及复印件。

（3）税务机关承诺时限

提供资料完整、填写内容准确、各项手续齐全，自受理之日起在2个工作日内转下一环节；税务机关在20个工作日内办结。

（4）办理程序

1）受理环节。

①查验资料。查验纳税人承担政府储备食用植物油销售业务的批文是否齐全、合法、有效。

②审核。审核纳税人《税务认定审批确认表》填写是否完整准确，印章是否齐全；审核纳税人《税务认定审批确认表》填写内容与附报资料是否一致，复印件是否注明"与原件相符"字样并由纳税人签章；纸质资料不全或填写不符合规定的，应当场一次性告知纳税人补正或重新填报；符合条件的，通过系统正确录入《税务认定审批确认表》信息，同时制作《文书受理回执单》或《税务文书领取通知单》交纳税人。

审核无误后，将纳税人报送的所有资料转下一环节。

2）后续环节。接收上一环节转来的资料后，调取其工商登记信息、税务登记信息内容，对其进行审核。

通过以上审核，签署审批意见，制作《税务认定通知书》返还纳税人。

16. 对国有粮食购销企业的税收优惠资格，应怎样进行认定？

答：（1）概述

各级国有粮食企业（包括国有控股粮食企业），以及经营军队用粮、救济救灾粮、水库移民口粮（包括自行加工和委托加工收回后销售）的其他粮食企业及有政府储备食用植物油销售业务的企业，在享受税收优惠政策之前，主管税务机关对其进行税收优惠资格认定。

（2）纳税人应提供的资料

1）国有粮食购销企业证书原件及复印件。

2）国有粮食购销企业应提供所在县（市）国税、财政和粮食部门下达的批准其从事承担粮食收储任务的批准文件原件及复印件。

3）承担政府储备粮业务的企业，应提供《粮食承储资格证》原件及复印件，县（含县）以上人民政府粮收储计划文件及其复印件和相关证明、动用储备粮正式批文原件及复印件和相关证明。

（3）税务机关承诺时限

提供资料完整、填写内容准确、各项手续齐全，符合受理条件的当场受理，自受理之日起 2 个工作日内转下一环节；税务机关自受理之日起 20 个工作日内办结。

（4）办理程序

1）受理环节。

①查验资料。查验纳税人报送的资料是否齐全、合法、有效。

②审核。通过系统调阅税务登记信息，查看纳税人是否为国有企业；审核《税务认定审批确认表》填写是否完整准确，印章是否齐全；审核纳税人提供的原件与复印件是否相符，复印件是否注明"与原件相符"字样并由纳税人签章，核对后原件返还纳税人；纸质资料不全或填写不符合规定的，应当场一次性告知纳税人补正或重新填报；符

合受理条件的，在系统中录入《税务认定审批确认表》，打印《税务文书受理通知单》或《文书受理回执单》交给纳税人。

审核无误后，将纳税人报送的所有资料转下一环节。

2）后续环节。接收上一环节转来的资料后，调取其工商登记信息、税务登记信息内容，对其进行审核。

通过以上审核，签署审批意见，制作《税务认定通知书》返还纳税人。

17. 对生产性外商投资企业的税收优惠资格，应怎样进行认定？

答：（1）概述

外商投资企业和外国企业符合税法及其实施细则的有关规定，可以享受定期减免税的，可在企业正式投产后，向当地主管税务机关办理申请确认手续。主管税务机关接到申请后，应就企业报送的资料进行审核，凡符合税法及其实施细则规定条件，可以享受定期减免税的，应确认该企业可享受定期减免税优惠资格。

（2）对纳税人的时限要求

企业可在正式投产后向主管税务机关提出申请。

（3）税务机关承诺时限

提供资料完整、填写内容准确、各项手续齐全，符合受理条件的当场受理，在 2 个工作日内转下一环节；税务机关在 20 个工作日内办结。

（4）办理程序

1）受理环节。

审核。审核《税务认定审批确认表》填写内容是否完整、准确，签章是否齐全；符合条件的将纳税人申请信息录入系统，同时制作《文书受理回执单》或《税务文书领取通知单》交纳税人；纳税人《税务认定审批确认表》填写内容不符合规定的，应当场一次性告知纳税人补正或重新填报。

审核无误后，将纳税人报送的所有资料转下一环节。

2）后续环节。

①接收上一环节转来的信息资料，主要调阅其工商登记信息、商务部门批准设立信息资料，与纳税人提供的《税务认定审批确认表》进行核对，审查是否一致、准确无误等。

②企业的营业执照所限定的生产经营范围是否包括税法所规定的生产性业务。

③企业的主营业务是否属于生产性业务。

④扣除筹办期后，企业的生产经营期是否在 10 年以上。

根据审核结果进行审核审批，确定审批结果，在《税务认定审批确认表》上盖章、签署审批意见，制作《税务认定通知书》返还纳税人。

18. 怎样对汇总申报申请进行审批？

答：（1）概述

一个企业总机构或集团母公司和其分支机构或集团子公司的经营所得，需要由总机构或集团母公司统一申报缴纳企业所得税的，必须由总机构或集团母公司按税法的有关规定向税务机关进行申请确认。

（2）纳税人应提供的资料

1）批准设立分支机构的文件原件及复印件。

2）分支机构或集团子公司所在地工商部门的证明复印件。

（3）税务机关承诺时限

提供资料完整、填写内容准确、各项手续齐全，自受理之日起 2 个工作日内转下一环节；税务机关在 20 个工作日内办结。

（4）办理程序

1）受理环节。

①查验资料。查验纳税人出示的证件是否有效。

②审核。审核证件资料是否齐全、有效，《汇总缴纳（ ）税申请审批表》填写是否完整准确，印章是否齐全；审核纳税人《汇总缴纳（ ）税申请审批表》填写内容与附报资料是否一致，原件与复印件是否相符，复印件是否注明"与原件相符"字样并由纳税人签章；纸质资料不全或填写不符合规定的，应当场一次性告知纳税人补正或重新填报；符合条件的，通过系统正确录入《汇总缴纳（ ）税申请审批

表》信息，同时制作《文书受理回执单》或《税务文书领取通知单》交纳税人。

审核无误后，将纳税人报送的所有资料转下一环节。

2）后续环节。接收上一环节转来的信息资料，调阅其税务登记信息、申报表信息、财务报表信息进行案头审核，审核纳税人提供的相关资料及内容是否合法、有效、真实、齐全，纳税人的内部管理制度及相关配套管理软件是否能够达到总机构对分支机构的全面监管等。

根据审核结果，签署审批意见，对符合规定的，层报上级税务机关审批。待批准后制作《税务事项通知书》交纳税人，并下达《外商投资企业汇总申报缴纳所得税确认单》（仅适用于外商投资企业）。

19. 企业所得税征收方式有哪几种？怎样进行鉴定？

答：（1）概述

根据纳税人的账簿设立、会计核算、纳税资料提供以及所得税申报等各种情况，税务机关可以对纳税人采用查账征收或核定征收方式缴纳企业所得税。

（2）对纳税人的时限要求

企业所得税征收方式鉴定工作每年进行一次，办理时限为当年3月底前。当年新办企业应在领取税务登记证后3个月内鉴定完毕。

（3）税务机关承诺时限

提供资料完整、填写内容准确、各项手续齐全，自受理之日起在2个工作日内转下一环节，税务机关在20个工作日内办结。

（4）办理程序

1）受理环节。

①审核《企业所得税征收方式鉴定表》填写是否完整准确，印章是否齐全。

②资料不全或者填写内容不符合规定的，应当场一次性通知纳税人补正或重新填报。

③审核无误后将《企业所得税征收方式鉴定表》信息录入系统，制作《税务文书领取通知单》或《文书受理回执单》。

将纳税人报送的所有资料转下一环节。

2）后续环节。接收上一环节转来的资料，进行案头审核或实地调查审核。

①案头审核。主要审核以下内容：企业上年征收方式信息（新办企业无此信息）；企业所得税上年度申报表（新办企业无此信息）；纳税人查补信息（新办企业无此信息）；财务报表信息；工商营业执照信息；税务登记信息。

②实地调查。调查纳税人账簿设立、会计核算、生产经营等情况。

通过以上审核，确定鉴定结果，签署征收方式鉴定意见后将《企业所得税征收方式鉴定表》送达纳税人。

20. 对外国企业核定征收申请，应怎样进行认定审批？

答：（1）概述

外国居民法人公司、企业在中国境内从事生产经营、承包工程作业、从事国际运输等，构成常设机构，发生纳税义务的，纳税人提出申请，税务机关可以核定应纳税所得额。

（2）纳税人应提供的资料

1）外国企业常驻代表机构成立的组织文件、时间、场所证明原件及复印件。

2）外国企业承包工程协议或外国航空公司、海运公司和陆运公司相关的协议和合同原件及复印件。

（3）税务机关承诺时限

提供资料完整、填写内容准确、各项手续齐全，自受理之日起2个工作日内转下一环节；税务机关在20个工作日内办结。

（4）办理程序

1）受理环节。

①审核证件资料是否齐全、有效，《核定征收申请审批表》填写是否完整准确，印章是否齐全。

②审核《核定征收申请审批表》填写内容与附报资料是否一致，原件与复印件是否相符，复印件是否注明"与原件相符"字样并由纳

税人签章。

③纸质资料不全或填写不符合规定的，应当场一次性告知纳税人补正或重新填报。

④符合条件的，通过系统正确录入《核定征收申请审批表》信息，同时制作《文书受理回执单》或《税务文书领取通知单》交纳税人。

审核无误后，将纳税人报送的所有资料转下一环节。

2）后续环节。

①接收上一环节转来的信息资料，调阅其税务登记信息、营业执照信息，与纳税人提供的《核定征收申请审批表》进行核对，审查是否一致、准确无误等。

②审核。是否构成常设机构；代表机构实际经营情况与其签订的协议和合同内容是否相符；在我国境内承包工程作业和提供劳务活动的外国企业，其收入总额扣除转承包价款和代购代制设备、材料价款后的余额，申请核定的利润率是否低于10%；申请核定的利润率是否低于同行业利润率水平；常驻代表机构为其总机构在中国境外接受其他企业委托的代理业务，在中国境内从事联络洽谈、介绍成交的，如代理业务中部分业务是由其总机构在中国境外进行，是否暂按其收入额的50%申报纳税。

根据审核结果进行审核审批，确定审批结果，将盖章、签署审批意见的《核定征收申请审批表》返还纳税人。

21. 定期定额户申请核定（调整）纳税定额，应如何认定？

答：（1）概述

个体工商户税收定期定额征收，是指税务机关依照法律、行政法规的规定，对个体工商户在一定经营地点、一定经营时期、一定经营范围内的应纳税经营额（包括经营数量）或所得额（以下简称定额）进行核定，并以此为计税依据，确定其应纳税额的一种征收方式。

定期定额征收税款适用于经主管税务机关认定和县以上税务机关（含县级，下同）批准的生产、经营规模小，达不到《个体工商户建账管理暂行办法》规定设置账簿标准的个体工商户的税收征收管理。

（2）税务机关承诺时限

提供资料完整、填写内容准确、各项手续齐全，符合受理条件的，自受理之日起在 2 个工作日内转下一环节；税务机关在 20 个工作日内办结。

（3）办理程序

1）受理环节。

①纳税人申请资料齐全，受理纳税人的申请。

②纸质资料不全或者填写有误的，应当场一次性告知纳税人补正或重新填报。

③系统录入《定期定额户自行申报（申请变更）纳税定额表》，制作《文书受理回执单》或《税务文书领取通知单》交纳税人。

将受理的全部资料全部转下一环节。

2）后续环节。接收上一环节转来的信息资料，进行案头审核，主要审核以下内容：

通过系统调阅纳税人的税务登记表信息，审核与纳税人《定期定额户自行申报（申请变更）纳税定额表》申报的生产经营情况（包括经营行业、营业面积、雇佣人数等）是否相符。

审核完成后，参考税务机关的典型调查结果根据核定方法计算纳税人的应纳税额，经定额公示、上级核准等环节，完成定期定额户申请核定（调整）纳税定额的审批，并进行公布，制作《核定定额通知书》送达定期定额户执行。

22. 外国企业营业机构合并申报所得税，应如何认定？

答：（1）概述

外国企业在中国境内设立两个或者两个以上营业机构的，可以由其选定其中的一个营业机构合并申报缴纳所得税，并由其选定的营业机构提出申请，经当地税务机关审核后，依照审批权限报批。需要变更合并申报纳税营业机构的，需按规定重新办理审批手续。

（2）对纳税人的时限要求

企业可在确定合并缴纳机构后申请。

（3）税务机关承诺时限

提供资料完整、填写内容准确、各项手续齐全，符合受理条件的当场受理，在 2 个工作日内转下一环节；税务机关在 90 个工作日内办结。

（4）办理程序

1）受理环节。

①审核《外国企业营业机构合并申报所得税审批表》填写内容是否完整、准确，签章是否齐全。

②符合条件的将申请信息录入系统，同时制作《文书受理回执单》或《税务文书领取通知单》交纳税人。

③纳税人提交的《外国企业营业机构合并申报所得税审批表》的填写内容不符合规定，应当场一次性告知纳税人补正或重新填报。

审核无误后，将纳税人报送的所有资料转下一环节。

2）后续环节。接收上一环节转来的信息资料，审核以下内容：

①负责合并申报纳税的营业机构是否确实对其他营业机构的业务负有监督管理责任。

②负责合并申报纳税的营业机构是否设立完整的账簿、凭证，是否准确反映各营业机构的收入、成本、费用和盈亏情况。

根据审核结果进行审核审批，确定审批结果，将盖章、签署审批意见的《外国企业营业机构合并申报所得税审批表》返还纳税人。

23. 外国企业改变纳税年度的，应如何进行认定管理？

答：（1）概述

外国企业依照税法规定的纳税年度计算应纳税所得额有困难的，可以提出申请，报当地税务机关批准后，以本企业满 12 个月的会计年度为纳税年度。

（2）对纳税人的时限要求

在企业选择非公历纳税年度开始之前提出申请。

（3）税务机关承诺时限

提供资料完整、填写内容准确、各项手续齐全，符合受理条件的当场受理，在 2 个工作日内转下一环节；税务机关在 20 个工作日内办结。

（4）办理程序

1）受理环节。

①审核《外国企业改变纳税年度申请表》填写内容是否合理、准确，签章是否齐全。

②符合条件的将申请信息录入系统，同时制作《文书受理回执单》或《税务文书领取通知单》交纳税人。

③纳税人提交的《外国企业改变纳税年度申请表》填写内容不符合规定的，应当场一次性告知纳税人补正或重新申请。

审核无误后，将纳税人报送的所有资料转下一环节。

2）后续环节。

①接收上一环节转来的信息资料，调阅其工商登记信息、税务登记信息，通过审核企业登记注册信息，确认纳税人书面申请与实际是否相符。

②审核外国企业申请以满 12 个月的会计年度为纳税年度的理由是否得当。

根据审核结果进行审核审批，确定审批结果，将盖章、签署审批意见的《外国企业改变纳税年度申请表》返还纳税人一份。

24. 如何对税务认定资格进行年审认定？

答：（1）概述

税务认定资格年审是指税务机关对已通过税务资格认定的企业，进行每年一次的资格审批，根据审批结果对符合条件的保留其资格，不符合条件的取消其相关税务资格的一项管理活动。

（2）纳税人应提供的资料

相关部门的资格认定材料。

（3）对纳税人的时限要求

在税务机关及相关联合部门规定的时限内。

（4）税务机关承诺时限

提供资料完整、填写内容准确、各项手续齐全，自受理之日起2个工作日内转下一环节；税务机关在30个工作日内办结。

（5）办理程序

1）受理环节。

①查验资料。查验纳税人出示的证件是否有效。

②审核。审核证件资料是否齐全、有效，《税务认定年审审批表》填写是否完整准确，印章是否齐全；审核纳税人《税务认定年审审批表》填写内容与附报资料是否一致；纸质资料不全或填写不符合规定的，应当场一次性告知纳税人补正或重新填报。

审核无误后，将纳税人报送的所有资料转下一环节。

2）后续环节。接收受理环节转来的资料，调阅其税务登记信息、营业执照信息、申报表信息、财务报表信息进行案头审核。通过调阅以上资料，进一步确定纳税人是否具有相关资格，必要时可进行实地核查。

根据审核结果，签署审批意见，将《税务认定年审审批表》返还一份给纳税人。

第三章 发票管理疑难问答

1. 哪些人可以申请领购发票？

（1）概述

依法办理税务登记的单位和个人，在领取税务登记证件后，可以向主管税务机关申请领购发票，经主管税务机关审核后，发放《发票领购簿》。

（2）纳税人应提供的资料

1）需出示的资料：《税务登记证》（副本）。

2）需报送的资料：

①经办人的身份证明。

②财务专用章或发票专用章印模。

（3）税务机关承诺时限

提供资料完整、填写内容准确、各项手续齐全，自受理之日起2个工作日内转下一环节；税务机关在20个工作日内办结。

（4）办理流程

1）受理环节。

①查验资料。查验纳税人出示的证件是否有效。

②审核。审核证件资料是否齐全、有效，《税务行政许可申请表》、《纳税人领购发票票种核定申请审批表》填写是否完整准确，印章是否齐全；审核纳税人《税务行政许可申请表》、《纳税人领购发票票种核定申请审批表》填写内容与附报资料是否一致；纸质资料不全或填写不符合规定的，应当场一次性告知纳税人补正或重新填报；不

符合条件的，制作《税务行政许可不予受理通知书》交纳税人；符合
条件的，通过系统正确录入《纳税人领购发票票种核定申请审批表》
信息，同时制作《税务行政许可受理通知书》、《文书受理回执单》或
《税务文书领取通知单》交纳税人。

审核无误后，将纳税人报送的所有资料转下一环节。

2）后续环节。接收上一环节转来的资料，进行案头审核和实地调
查审核，主要审核以下内容：

①案头审核。通过系统调阅以下资料：税务登记信息、营业执照
信息。审核与纳税人提供的《纳税人领购发票票种核定申请审批表》
是否一致，申请的票种资格与纳税人的登记注册信息是否相符等。

②实地调查。通过实地调查，主要核实纳税人的实际生产经营情
况与申请的票种信息是否相符，是否具备发票保管、开具的能力。

通过以上审核，确定审批结果，签署审批意见，制作《准予行政
许可决定书》或《不予行政许可决定书》送达纳税人。

2. 纳税人发票用票量发生变化后，对其如何进行管理？

答：（1）概述

纳税人因业务量变化等原因，对其使用的发票数量提出调整申请，
税务机关对其提出的申请进行受理审核、调查、审批，并根据审批结
果进行发票用票量的调整。

（2）税务机关承诺时限

提供资料完整、填写内容准确、各项手续齐全，自受理之日起 2
个工作日内转下一环节；税务机关在 20 个工作日内办结。

（3）办理流程

1）受理环节。审核《纳税人领购发票票种核定申请审批表》填写
是否完整准确，印章是否齐全；填写不符合规定的，应当场一次性告
知纳税人补正或重新填报；符合条件的，通过系统正确录入《纳税人
领购发票票种核定申请审批表》信息，同时制作《文书受理回执单》
或《税务文书领取通知单》交纳税人。

审核无误后，将纳税人报送的所有资料转下一环节。

2）后续环节。接收上一环节转来的资料，进行案头审核，主要审核税务登记信息、申报表信息、财务报表信息，核实纳税人的实际生产经营情况与申请的发票用票量信息是否相符，是否符合发票用票量调整的范围。

通过以上审核，确定审批结果，签署审批意见，在《发票领购簿》上打印相应的税种核定信息。

3. 对纳税人领购发票，应进行哪些管理？

答：（1）概述

已办理税务登记的纳税人需要使用发票的，凭《发票领购簿》核准的种类、数量以及购票方式，向主管税务机关领购发票。

（2）纳税人应提供的资料

1）发票购领簿。

2）税控 IC 卡（一般纳税人使用）。

3）财务专用章或发票专用章。

4）已用发票存根（初次购买除外、购税控发票携带已开具的最后一张记账联）。

（3）税务机关承诺时限

提供资料完整、各项手续齐全、无违章问题，符合条件的当场办结。

（4）办理流程

1）受理审核。

①审核发票领购簿与纳税人名称是否一致，发票领购簿是否加盖财务专用章或发票专用章。

②纸质资料不全或填写不符合规定的，应当场一次性告知纳税人补正或重新填报。

③审核系统有无不予发售发票的监控信息。

④审核无误的，对已开具的发票进行验旧，并在系统中准确录入验旧信息。

⑤系统自动检测纳税人的购票信息。

⑥根据纳税人申请，在系统允许的发票种类和数量范围内发售发票。

2）核准。收取发票工本费，并开具行政性收费票据交付纳税人。在《发票领购簿》上打印发票验旧和发票发售记录。

4. 纳税人发票需要缴销时，应进行哪些管理?

答：（1）概述

纳税人办理注销、变更税务登记，取消一般纳税人资格，丢失、被盗发票，流失发票，改版、换版、次版发票（是指对纳税人已购买的发票），超期限未使用空白发票，霉变、水浸、鼠咬、火烧发票等，需进行发票缴销处理。

（2）纳税人应提供的资料

1）发票领购簿。

2）需缴销的空白发票。

3）税控 IC 卡（一般纳税人注销税务登记、取消一般纳税人资格还需提交金税卡）。

（3）对纳税人的时限要求

纳税人因注销、变更税务登记进行发票缴销的，按《中华人民共和国税收征收管理法实施细则》规定的注销、变更税务登记时限，向主管税务机关申请办理。

纳税人因上述其他情况进行发票缴销的，应当自相关情况发生之日，向主管税务机关申请办理。

（4）税务机关承诺时限

提供资料完整、填写内容准确、各项手续齐全、无违章问题，符合条件的当场办结。

（5）办理流程

1）受理审核。

①审核资料是否齐全、合法、有效，《发票缴销登记表》填写是否完整准确，印章是否齐全。

②审核纳税人《发票缴销登记表》填写内容与附报资料是否一致。

③纸质资料不全或填写不符合规定的，应当场一次性告知纳税人补正或重新填报。

2）核准。审核无误的，缴销纳税人的空白发票，并在系统中进行发票缴销处理，在《发票缴销登记表》上签署意见交纳税人。

5. 什么是普通发票代开？

答：（1）概述

代开发票是指由税务机关根据收款方（或提供劳务服务方）的申请，依照法规、规章以及其他规范性文件的规定，代为向付款方（或接收劳务服务方）开具发票的行为。

（2）纳税人应提供的资料

1）需出示的资料：申请代开发票人的合法身份证件。

2）需报送的资料：

①付款方（或接收劳务服务方）对所购物品品名（或劳务服务项目）、单价、金额等出具的书面确认证明，对个人小额销售货物和劳务只需提供身份证明。

②提供由生产地村委会出具的自产初级农产品证明（适用于代开免税项目）。

（3）税务机关承诺时限

提供的资料完整、填写内容准确、各项手续齐全的，当场办结。

（4）办理流程

1）受理审核。

①查验纳税人出示的证件是否有效。

②审核申请资料是否齐全。

③《代开普通发票申请表》填写是否完整、逻辑关系是否正确，有关印章是否齐全。

④纸质资料不全或者填写内容不符合规定的，应当场一次性告知纳税人补正或重新填报。

⑤审核申请代开发票人是否符合代开范围，所销售的货物是否属于开具普通发票货物的范围，通过系统查询纳税人纳税申报是否正常。

2）核准。对提供的资料完整、填写内容准确、各项手续齐全，按照规定计算应纳增值税额，根据纳税人的完税证明，为其代开普通发票，对于免税的项目可以直接代开普通发票。

6. 什么是专用发票代开？

答：（1）概述

已办理税务登记的小规模纳税人（包括个体经营者）以及国家税务总局确定的其他可予代开增值税专用发票的纳税人，提出代开增值税专用发票的申请，主管税务机关为其代开增值税专用发票的业务。

（2）纳税人应提供的资料

1）需查验的资料：税务登记证副本。

2）需报送的资料：税收完税凭证。

（3）税务机关承诺时限

提供资料完整、填写内容准确、各项手续齐全、符合条件的当场办结。

（4）办理流程

1）受理审核。

①审核是否属于本税务机关管辖的增值税纳税人。

②审核《代开增值税专用发票缴纳税款申报单》的相关项目填写是否完整准确，增值税征收率和计算的税额是否正确，印章是否齐全，销售的货物是否为免税货物；如果相关项目填写不全、不符合规定、适用税率错误、税额计算错误或者存在其他疑点问题，应当场一次性告知纳税人补正或重新填报。

③审核纳税人是否提供加盖银行收讫印章的税收完税凭证。

2）核准。审核无误的，根据"一单一证一票"原则，即《代开增值税专用发票缴纳税款申报单》、税收完税凭证和增值税专用发票三者一一对应，为纳税人代开增值税专用发票，收取增值税专用发票工本费。

7. 什么是发票购票特批申请审批？

答：（1）概述

当纳税人出现欠税、滞纳、违章等各种情况被停购发票时，可以通过"购票特批"申请，经批准后购买所需要的发票。

（2）税务机关承诺时限

提供资料完整、填写内容准确、各项手续齐全，符合受理条件的自受理之日起 2 个工作日内转下一环节；税务机关自受理之日起 5 个工作日内办结。

（3）办理流程

1）受理环节。

①审核证件资料是否齐全、合法、有效。

②《发票购票特批申请审批表》填写是否完整准确，印章是否齐全。

③纸质资料不全或者填写内容不符合规定的，应当场一次性告知纳税人补正或重新填报；不符合要求的，制作《不予受理通知书》。

④符合条件的制作《文书受理回执单》或《税务文书领取通知单》交纳税人。

审核无误后，将全部受理资料转下一环节。

2）后续环节。接收上一环节转来的信息资料，进行实地调查，主要审核：实地调查纳税人的生产经营情况，是否存在真实的生产经营行为，确认纳税人是否确需使用发票，是否具备发票保管能力，能否正确的开具发票。

通过以上审核调查，确定审批结果，签署审批意见，制作《税务事项通知书》送达纳税人。

8. 防伪税控企业可以申请最高开票限额吗？已批准的最高限额可以变更吗？

答：（1）概述

新认定为增值税一般纳税人的防伪税控企业，可以在认定的同时申请专用发票最高开票限额，防伪税控企业已申请专用发票最高开票限额的，可以根据生产经营实际情况的需要，提出变更最高开票限额的申请，主管税务机关按照相关规定，对其申请受理、调查、许可。

（2）纳税人应提供的资料

单笔销售业务、单台设备销售合同及其复印件和履行合同的证明材料。

（3）税务机关承诺时限

报送资料齐全、填写内容准确、各项手续齐全，符合受理条件的当场受理，自受理之日起 2 个工作日内转下一环节；税务机关自受理之日起 20 个工作日内办结。

（4）办理流程

1）受理环节。

①查验资料。查验纳税人出示的证件、资料是否齐全、有效。

②审核。通过系统调阅一般纳税人认定信息、增值税专用发票票种核定信息；审核《税务行政许可申请表》、《防伪税控企业最高开票限额申请表》填写是否完整准确，印章是否齐全；审核纳税人提供的原件与复印件是否相符，复印件是否注明"与原件相符"字样并由纳税人签章，核对后原件返还纳税人；纸质资料不全或填写不符合规定的，应当场一次性告知纳税人补正，同时把填写好的《补正税务行政许可材料告知书》交给纳税人，逾期不告知的，自收到申请之日起即为受理；符合受理条件的，向申请人开具盖有"税务机关印章"的《税务行政许可受理通知书》；不符合条件的制作《税务行政许可不予受理通知书》。

审核无误后，将纳税人报送的所有资料转下一环节。

2）后续环节。接收上一环节转来的资料后，进行案头审核和实地调查，主要有以下内容：

①案头审核。调阅以下内容，对其进行审核：财务会计报表；增值税发票票种核定信息；增值税申报表信息。

②实地调查。通过实地调查，主要核实纳税人的生产经营情况，是否确实需要变更最高开票限额。

通过以上案头审核和实地调查，确定审批意见，制作《准予税务行政许可决定书》，连同一份《防伪税控企业最高开票限额申请表》返还纳税人。

9. 对使用税控收款机的纳税人，应进行哪些管理？

答：**（1）概述**

纳税人使用税控收款机，必须进行发票票种核定，使用税控发票。同时，税务机关须对税控收款机用户的最高开票限额（单张开票最高限额、退票累计金额限额、发票累计金额限额）和数据报送方式、数据报送类型、数据报送期限、数据报送有效期进行审批确认。

（2）纳税人应提供的资料

1）需出示的资料：《税务登记证》副本。

2）需报送的资料：《税控收款机用户注册登记表》。

（3）对纳税人的时限要求

纳税人根据税务机关要求使用税控收款机时，按照通知的有关规定执行，纳税人也可根据自身业务需要，向税务机关提出最高开票限额的申请。

（4）税务机关承诺时限

提供资料完整、填写内容准确、各项手续齐全，符合受理条件的自受理之日起2个工作日内转下一环节；税务机关自受理之日起5个工作日内办结。

（5）办理流程

1）受理环节。查验纳税人出示的证件是否有效；审核证件资料是否齐全、合法、有效，《税控收款机用户最高开票限额审批表》填写是否完整准确，印章是否齐全；纸质资料不全或者填写内容不符合规定的，应当场一次性告知纳税人补正或重新填报；符合条件的制作《文书受理回执单》。

审核无误后，将纳税人报送的所有资料转下一环节。

2）后续环节。接收上一环节转来的资料，进行案头审核，如案头审核存在疑点可进行实地调查，主要审核以下内容：

通过系统调阅纳税人的申报征收情况、发票使用情况与《税控收款机用户最高开票限额审批表》申请的最高开票限额是否相符。

对纳税人提供的相关涉税资料存在疑点或根据工作实际需要实地调查的，可通过实地查看纳税人生产经营的场地、经营规模判断与申请的最高开票限额是否相符。

通过以上审核调查，确定审批结果，签署审批意见，将一份《税控收款机用户最高开票限额审批表》送达纳税人。

10. 税控加油机装置初始化发行的管理是怎样的?

答:（1）概述

成品油经营纳税人在使用税控加油机前，应向主管税务机关申请税控加油机的初始化发行。税务机关对其税控加油机进行实地检查，并使用税控设备对加油机完成初始化发行。

（2）纳税人应提供的资料

《税务登记证》（副本）。

（3）对纳税人的时限要求

成品油经营纳税人在安装税控加油机前2个工作日内要向税务机关申请加油机税控装置初始化。

（4）税务机关承诺时限

提供资料完整、填写内容准确、各项手续齐全，符合受理条件的自受理之日起2个工作日内转下一环节；税务机关自受理之日起7个工作日内办结。

（5）办理流程

1）受理环节。查验纳税人出示的证件是否有效；审核证件资料是否齐全、合法、有效，《加油机税控装置初始化登记表》填写是否完整准确，印章是否齐全；纸质资料不全或者填写内容不符合规定的，应当场一次性告知纳税人补正或重新填报；符合条件的制作《文书受理回执单》交纳税人。

审核无误后，将纳税人报送的所有资料转下一环节。

2）后续环节。接收上一环节转来的信息资料，税务机关通过税控加油机管理系统制作发行 IC 卡，持 IC 卡到纳税人的生产经营场所进行税控加油机装置初始化，系统根据回读初始化数据发行纳税人报税 IC 卡。

11. 税控收款机初始化发行的管理是怎样的？

答：（1）概述

纳税人购买税控收款机后，必须到主管税务机关注册登记并实施税控初始化，写入购票信息后税控收款机才能正常使用。

（2）纳税人应提供的资料

1）需出示的资料：《发票购领簿》。

2）需报送的资料：

①《税控收款机用户最高开票限额审批表》。

②《纳税人领购发票票种核定申请审批表》。

③税控收款机用户卡和税控卡。

④购机发票复印件。

（3）对纳税人的时限要求

纳税人在安装税控收款机前 2 个工作日内要向税务机关申请税控收款机初始化。

（4）税务机关承诺时限

提供资料完整、填写内容准确、各项手续齐全，符合受理条件的自受理之日起 2 个工作日内转下一环节；税务机关自受理之日起 7 个工作日内办结。

（5）办理流程

1）受理环节。查验纳税人出示的证件是否有效；证件资料是否齐全、合法、有效；审核纳税人提供的复印件是否注明"与原件相符"字样并由纳税人签章；纸质资料不全或者填写内容不符合规定的，应当场一次性告知纳税人补正或重新填报；符合条件的，制作《税务事项通知书》交纳税人，不符合要求的，制作《不予受理通知书》。

2）后续环节。接收上一环节转来的信息资料，税务机关通过税控收款机管理系统制作发行 IC 卡，持 IC 卡到纳税人的生产经营场所进行税控收款机初始化，系统根据回读初始化数据发行纳税人报税 IC 卡。

12. 辅导期一般纳税人增购增值税专用发票时，应进行哪些管理？

答：（1）概述

辅导期一般纳税人因需要增购增值税专用发票的，应先依据已领购并开具的正数专用发票上注明的销售额按 4%征收率向主管税务机关预缴税款，同时应将领购并已开具的专用发票自行填写清单，连同已开具专用发票的记账联复印件一并提交税务机关核查。主管税务机关应对纳税人提供的专用发票清单与专用发票记账联进行核对，并确认企业已经缴纳预缴税款之后，允许纳税人继续领购增值税专用发票。

（2）纳税人应提供的资料

1)《增值税专用发票开具清单》。

2)已开具增值税专用发票记账联复印件。

（3）对纳税人的时限要求

辅导期一般纳税人在领购的增值税专用发票数量不能满足经营需要时，可根据经营需要向主管税务机关提出增购增值税专用发票申请。

（4）税务机关承诺时限

提供资料完整、填写内容准确、各项手续齐全，按规定预缴税款之后，税务机关应当场办结。

（5）办理流程

1)受理审核。

①从系统中查阅纳税人增值税专用发票核定和领购信息。

②审核《增值税专用发票开具清单》相关项目填写是否完整准确，印章是否齐全。

③纳税人提供的已开具增值税专用发票记账联复印件与《增值税专用发票开具清单》对应内容是否相符，复印件是否注明"与原件相符"字样并由纳税人签章。

④纸质资料不全或填写不符合规定的，应当场一次性告知纳税人

补正或重新填报。

⑤审核无误的,根据计算的预缴税款,开具税收完税凭证。

2)核准。纳税人预缴税款后,调阅以下内容,对纳税人报送的增值税专用发票核定和领购信息、增值税申报信息进行审核,审核无误后,按规定核准纳税人增购发票。

13. 发票丢失被盗后,应怎么办?

答:(1)概述

纳税人发生丢失、被盗发票事件的,应立即向主管税务机关报告,办理相应的挂失手续。

(2)纳税人应提供的资料

1)提供公安部门受理报案的有关材料。

2)刊登遗失声明的版面原件和复印件。

(3)对纳税人的时限要求

纳税人丢失发票,应于丢失当日书面报告主管税务机关。

(4)税务机关承诺时限

提供资料完整、填写内容准确、各项手续齐全,符合条件的当场办结。

(5)办理流程

1)受理环节。审核资料是否齐全、有效,《发票挂失/损毁报告表》填写是否完整准确,印章是否齐全。

审核纳税人《发票挂失/损毁报告表》填写内容与附报资料是否一致,原件与复印件是否相符,复印件是否注明"与原件相符"字样并由纳税人签章。

纸质资料不全或填写不符合规定的,应当场一次性告知纳税人补正或重新填报。

符合条件的,通过系统正确录入《发票挂失/损毁报告表》信息。

审核无误后,将纳税人报送的所有资料转下一环节。

2)后续环节。接收上一环节转来的资料,进行案头审核,主要审核:核实纳税人丢失被盗发票情况是否属实,有关部门出具的遗失证明材料是否合法、真实有效。

通过以上审核，确定审批结果，签署审批意见，按照征管法及实施细则和发票管理办法规定进行处罚，制作《税务行政处罚事项告知书》、《税务行政处罚决定书》，转交执行环节送达纳税人。

14. 丢失、被盗防伪税控设备处理后，应怎么办？

答：（1）概述

增值税一般纳税人丢失、被盗金税卡、IC 卡、读卡器、延伸板或通用发行器及相关软件等防伪税控设备，应及时向主管税务机关报告，税务机关按照规定进行处理。

（2）纳税人应提供的资料

1）有关新闻媒体发布声明作废的公告（注明企业名称、专用设备编号、丢失被盗时间等）。

2）提供公安部门受理报案的有关材料。

（3）对纳税人的时限要求

丢失后立即报告。

（4）税务机关承诺时限

提供资料完整、填写内容准确、各项手续齐全，符合受理条件的当场受理。

（5）办理流程

1）受理审核。

①从系统中查阅纳税人防伪税控设备种类、数量等情况。

②审核《丢失、被盗金税卡（IC 卡）情况表》相关项目填写是否完整准确，印章是否齐全。

③纸质资料不全或填写不符合规定的，应当场一次性告知纳税人补正或重新填报。

④调阅一般纳税人信息及防伪税控设备种类、数量等情况进行审核。

2）核准。如纳税人提供资料完整、填写内容准确、各项手续齐全的，在《丢失、被盗金税卡（IC 卡）情况表》上签署意见。各级税务机关按月汇总上报《丢失、被盗金税卡（IC卡）情况表》。

15. 怎样理解企业衔头发票的印制管理？

答：（1）概述

有固定生产经营场所、财务和发票管理制度健全、发票使用量较大的单位，可以申请印制印有本单位名称的发票；如统一发票式样不能满足业务需要，也可以自行设计本单位的发票式样，但均须报经县（市）以上税务机关批准。

（2）纳税人应提供的资料

企业自行设计的本单位发票式样。

（3）税务机关承诺时限

提供资料完整、填写内容准确、各项手续齐全，符合受理条件的自受理之日起2个工作日内转下一环节；税务机关自受理之日起20个工作日内办结。

（4）办理流程

1）受理环节。审核证件资料是否齐全、合法、有效；纸质资料不全或者填写内容不符合规定的，应当场一次性告知纳税人补正或重新填报；不符合要求的，制作《税务行政许可不予受理通知书》；符合条件的制作《税务行政许可受理通知书》、《文书受理回执单》或《税务文书领取通知单》。

审核无误后，将纳税人报送的所有资料转下一环节。

2）后续环节。接收上一环节转来的信息资料，进行案头审核，根据实际情况需要对申请材料的实质内容进行实地调查，主要审核以下内容：

①案头审核。纳税人《企业衔头发票印制申请审批表》上填写的申请衔头发票信息是否准确，印制发票理由是否合理。

②调查审批。实地调查纳税人的实际生产经营情况与《企业衔头发票印制申请审批表》的申请理由是否相符。

通过以上审核调查，确定审批结果，签署审批意见，制作《准予行政许可决定书》或《不予行政许可决定书》送达纳税人。

16. 纳税人申请使用经营地发票时，应进行哪些管理？

答：（1）概述

外埠纳税人持《外出经营活动税收管理证明》到异地经营，需要使用经营地发票时可以到经营地税务机关申请领购普通发票。

（2）纳税人应提供的资料

1）需出示的资料：购票员身份证明；注册地税务机关核发的《税务登记证》副本。

2）需报送的资料：

①《外出经营活动税收管理证明》。

②财务专用章或发票专用章印模。

（3）对纳税人的时限要求

纳税人应当在《外出经营活动税收管理证明》注明的有效期前，根据纳税人的实际业务需要，申请使用经营地发票。

（4）税务机关承诺时限

提供资料完整、填写内容准确、各项手续齐全，符合受理条件的自受理之日起2个工作日内转下一环节；税务机关自受理之日起20个工作日内办结。

（5）办理流程

1）受理环节。查验纳税人出示的证件是否有效；审核申请资料是否齐全；《纳税人领购发票票种核定申请审批表》填写是否完整准确，印章是否齐全；纸质资料不全或者填写内容不符合规定的，应当场一次性告知纳税人补正或重新填报；不符合要求的，制作《税务行政许可不予受理通知书》；符合条件的制作《税务行政许可受理通知书》、《文书受理回执单》或《税务文书领取通知单》。

审核无误后，将全部受理资料转下一环节。

2）后续环节。接收上一环节转来的信息资料，进行案头审核，根据实际情况需要对申请材料的实质内容进行实地调查，主要审核以下内容：

①案头审核。审核《纳税人领购发票票种核定申请审批表》中申

请的发票票种信息与《外出经营活动税收管理证明》中的货物数量等是否相符。

②实地调查。外埠经营地主管税务机关实地调查纳税人的实际生产经营情况及货物数量与《外出经营活动税收管理证明》上注明的是否一致。

通过以上审核调查，确定审批结果，签署审批意见，制作《准予行政许可决定书》或《不予行政许可决定书》送达外埠经营纳税人。

17. 发票可以拆本使用吗？

答：（1）概述

发票不得擅自拆本使用，如因经营业务特殊，须拆本使用发票的单位，应向所在地税务机关提出书面申请，经批准后方可拆本使用。

（2）纳税人应提供的资料

1）需查验的资料：拆本发票携带人或开票人的居民身份证、护照、工作证以及其他能证明经办人身份的证件。

2）需报送的资料：纳税人提出书面清单，说明需要拆本使用发票的原因、份数、起止号码。

（3）税务机关承诺时限

提供资料完整、填写内容准确、各项手续齐全，符合受理条件的自受理之日起 2 个工作日内转下一环节；税务机关自受理之日起 20 个工作日内办结。

（4）办理流程

1）受理环节。查验纳税人出示的证件是否有效；审核申请资料是否齐全；纸质资料不全或者填写内容不符合规定的，应当场一次性告知纳税人补正或重新填报；不符合要求的，制作《税务行政许可不予受理通知书》；符合条件的制作《税务行政许可受理通知书》、《文书受理回执单》或《税务文书领取通知单》。

审核无误后，将全部受理资料转下一环节。

2）后续环节。接收上一环节转来的信息资料，进行案头审核，主要审核：审核纳税人提出的书面清单，主要审核需要拆本使用发票的原因是否合理，需要拆本使用发票份数、起止号码是否准确。

通过以上审核调查，确定审批结果，签署审批意见，制作《准予行政许可决定书》或《不予行政许可决定书》送达纳税人。

18. 对使用计算机开具发票时，应进行哪些管理？

答：（1）概述

纳税人使用电子计算机开具发票，须经主管税务机关批准，并使用税务机关统一监制的机外发票，开具后的存根联应当按照顺序号装订成册。

（2）纳税人应提供的资料

1）需查验的资料：计算机开具发票软件及使用说明书。

2）需报送的资料：

①财务专用章或发票专用章印模。

②提供发票票样。

（3）税务机关承诺时限

提供资料完整、填写内容准确、各项手续齐全，符合受理条件的自受理之日起 2 个工作日内转下一环节；税务机关自受理之日起 20 个工作日内办结。

（4）办理流程

1）受理环节。查验、登记纳税人的发票软件及使用说明书名称、版本；审核申请资料是否齐全；纸质资料不全或者填写内容不符合规定的，应当场一次性告知纳税人补正或重新填报；不符合要求的，制作《税务行政许可不予受理通知书》；符合条件的制作《税务行政许可受理通知书》、《文书受理回执单》或《税务文书领取通知单》。

审核无误后，将全部受理资料转下一环节。

2）后续环节。接收上一环节转来的信息资料，根据实际情况需要对申请材料的实质内容进行实地调查，主要审核：

调查纳税人的实际生产经营能力、财务核算能力、生产经营场所等，确认纳税人是否具备使用计算机开票的条件。

通过实地调查，确定审批结果，签署审批意见，制作《准予行政许可决定书》或《不予行政许可决定书》送达纳税人。

19. 纳税人可以携带、运输空白发票吗？

答：（1）概述

任何单位和个人未经批准，不得跨规定的使用区域携带、邮寄、运输空白发票。如果纳税人有特殊情况业务，需报经税务机关审批。

本项业务只适用于普通发票。

（2）纳税人应提供的资料

书面说明携带、运输空白发票的理由、数量和起止号码。

（3）税务机关承诺时限

提供资料完整、填写内容准确、各项手续齐全，符合受理条件的自受理之日起2个工作日内转下一环节；税务机关自受理之日起20个工作日内办结。

（4）办理流程

1）受理环节。审核申请资料是否齐全；纸质资料不全或者填写内容不符合规定的，应当场一次性告知纳税人补正或重新填报；不符合要求的，制作《税务行政许可不予受理通知书》；符合条件的制作《税务行政许可受理通知书》、《文书受理回执单》或《税务文书领取通知单》。

审核无误后，将全部受理资料转下一环节。

2）后续环节。接收上一环节转来的信息资料，进行案头审核，主要审核：审核纳税人提交的书面说明携带、运输空白发票的理由是否属实，申请的数量和起止号码是否准确，日常使用发票情况是否规范。

通过以上审核调查，确定审批结果，签署审批意见，制作《准予行政许可决定书》或《不予行政许可决定书》送达纳税人。

第四章　税收优惠管理疑难问答

1. 对增值税纳税人减免税申请，进行哪些审批管理？

答：（1）概述

享受减免税的纳税人，依照法律、行政法规的规定向主管税务机关提出减免税书面申请，经审核批准后享受减免税优惠。

（2）纳税人应提供的资料

《税务登记证》（副本）。

（3）税务机关承诺时限

提供资料完整、填写内容准确、各项手续齐全，自受理之日起 2 个工作日内转下一环节；税务机关办结时限：县、区级税务机关负责审批的减免税，必须在 20 个工作日做出审批决定；地市级税务机关负责审批的，必须在 30 个工作日内做出审批决定；省级税务机关负责审批的，必须在 60 个工作日内做出审批决定。在规定期限内不能做出决定的，经本级税务机关负责人批准，可以延长 10 个工作日，并将延长期限的理由告知纳税人。

（4）办理流程

1）受理环节。

①查验资料。查验纳税人出示的证件是否合法、真实、有效。

②审核。审核纳税人申请的减免税项目，是否需要由税务机关审查后执行的，不需要的当即告知纳税人不受理；《纳税人减免税申请审批表》填写是否完整准确，印章是否齐全；审核纳税人《纳税人减免税申请审批表》填写内容与附报资料是否一致，复印件是否注明"与

原件相符"字样并由纳税人签章；申请的减免税材料不齐全或者不符合法定形式的，应在 5 个工作日内一次性告知纳税人需要补正的全部内容；申请的减免税材料不详或存在错误的，应当告知并允许纳税人更正。

符合条件的，通过系统正确录入《纳税人减免税申请审批表》信息，同时制作《文书受理回执单》或《税务文书领取通知单》交纳税人。

审核无误后，将纳税人报送的所有资料转下一环节。

2）后续环节。接收上一环节转来的资料后，对其进行案头审核和实地调查。

①案头审核。主要审核：纳税人提供的有关部门颁发的认定证书或批准文书与申请的减免期限是否相符；纳税人申请的减免事项（减免方式，减免额度，减免幅度，减免期限）是否符合相关政策规定。

②实地调查。需要对申请材料的内容进行实地核实的，按规定程序进行实地核查，并将核查情况记录在案。

根据上述审核和调查的情况，确定审批意见，在规定的期限内做出是否准予减免税的书面决定，并自做出决定之日起 10 个工作日内将《纳税人减免税申请审批表》送达纳税人。

2. 纳税人怎样申请车辆购置税减免？

答：（1）概述

纳税人购置享受车辆购置税减免税优惠政策的车辆，可以向主管税务机关申请办理减税、免税，主管税务机关应予以受理。

（2）纳税人应提供的资料

1）外国驻华使馆、领事馆和国际组织驻华机构的车辆，提供机构证明原件和复印件。

2）外交人员自用车辆，提供外交部门出具的身份证明原件和复印件。

3）中国人民解放军和中国人民武装警察部队列入军队武装装备订货计划的车辆，提供订货计划的证明原件和复印件。

4）设有固定装置的非运输车辆，提供车辆内、外观彩色5寸照片。

5）留学人员、来华专家应提供以下资料：

①留学人员提供中华人民共和国驻留学生学习所在国的大使馆或领事馆（中央人民政府驻香港联络办公室教育科技部、中央人民政府驻澳门联络办公室宣传文化部）出具的留学证明；公安部门出具的境内居住证明、个人护照；海关核发的《回国人员购买国产小汽车准购单》。

②来华专家提供国家外国专家局或授权单位核发的专家证；公安部门出具的境内居住证明。

6）其他车辆，提供国务院或国务院税务主管部门的批准文件。

（3）对纳税人的时限要求

纳税人购买自用车辆的，应当自购买之日起60日内申请免税；进口自用车辆的，应当自进口之日起60日内申请免税；自产、受赠、获奖或者以其他方式取得并自用应税车辆的，应当自取得之日起60日内申请免税。

（4）税务机关承诺时限

对纳税人申请免税的，提供资料完整、填写内容准确、各项手续齐全，符合受理条件的当场办结。

（5）办理流程

1）受理审核。

①审核纳税人报送的资料是否完整齐全，提供的原件与复印件是否相符，复印件是否注明"与原件相符"字样并由纳税人签章，核对后原件返还纳税人。

②审核《车辆购置税免（减）税申请表》填写内容是否完整准确，印章是否齐全，与纳税人提供的资料是否相符，并与相应的免税规定对照，确定是否符合免税规定。

③纸质资料不全、填写不符合规定或不符合免税规定的，应当场一次性告知纳税人补正、重新填报或不予免税的理由。

2）核准。纳税人所报资料完整齐全，符合免税规定的，在《车辆购置税免（减）税申请表》上签章，将申请信息采集录入系统，核发

《车辆购置税完税证明》，在完税证明免税栏加盖车辆购置税征税专用章。

3. 生产企业的纳税人，如何申请车辆购置税减免？

答：（1）概述

需列入免税图册的车辆，由车辆生产企业或纳税人向主管税务机关提出申请，由主管税务予以受理、审核、逐级上报国家税务总局，由国家税务总局审批汇总。

（2）生产企业（纳税人）应提供的资料

1）车辆合格证明原件、复印件。

2）车辆内、外观彩色五寸照片 1 套。

3）车辆内、外观彩色照片电子文档（文件大小不超过 50kb，像素不低于 300 万，并标明车辆生产企业名称及车辆型号，仅限车辆生产企业提供）。

（3）对纳税人的时限要求

需列入免税图册的车辆，由车辆生产企业或纳税人向主管税务机关及时提出申请。

（4）税务机关承诺时限

对需列入免税图册提起申请的，填写内容准确、各项手续齐全，符合受理条件的当场受理，转下一环节。

省、自治区、直辖市、计划单列市国家税务局分别于每年的 3、6、9、12 月将免税申请表及附列资料报送至国家税务总局。

国家税务总局分别于申请当期的 4、7、10 月及次年 1 月将符合免税条件的车辆列入免税图册。

（5）办理流程

1）受理环节。

①审核《车辆购置税免（减）税申请表》填写内容是否完整准确，印章是否齐全。

②审核纳税人报送的资料是否完整齐全，提供的原件与复印件是否相符，复印件是否注明"与原件相符"字样并由纳税人签章，核对

后原件返还纳税人。

③纸质资料不全或填写不符合规定的，应当场一次性告知纳税人补正或重新填报。

④符合受理条件的，在系统中录入《车辆购置税免（减）税申请表》。

审核无误后，将纳税人报送的所有资料转下一环节。

2）后续环节。接收上一环节转来的资料后，通过系统调阅车辆购置税免（减）税申请表信息，对其进行审核。

根据审核情况，确定审核意见，逐级上报至国家税务总局。国家税务总局审批通过的，定期列入免税图册。

4. 对遭受自然灾害的企业，如何进行企业所得税优惠的审批？

答：（1）概述

企业遇有风、火、水、震严重自然灾害，经主管税务机关批准，可减征或者免征所得税1年。

（2）纳税人应提供的资料

1）需出示的资料：税务登记证副本。

2）需报送的资料：

①受灾损失情况证明。

②受损资产清单原件及复印件。

③保险公司出具的赔偿通知书、赔款数额划款单等证明资料原件及复印件。

（3）对纳税人的时限要求

企业应于年度申报前申请减免税。

（4）税务机关承诺时限

提供资料完整、填写内容准确、各项手续齐全，自受理之日起2个工作日内转下一环节；税务机关办结时限：县、区级税务机关负责审批的减免税，必须在20个工作日内做出审批决定；地市级税务机关负责审批的，必须在30个工作日内做出审批决定；省级税务机关负责审批的，必须在60个工作日内做出审批决定。

（5）办理流程

1）受理环节。

①查验资料。查验纳税人出示的证件是否有效。

②审核。主要审核以下内容：接收纳税人报送的资料，检查资料是否齐全、印章是否齐全、填写是否完整、复印件与原件是否一致，复印件是否注明"与原件相符"字样并由纳税人签章，核对后原件返还纳税人；纸质资料不齐全、填写内容不完整的，应当场一次性告知纳税人补正或重新填报；审核无误后，在系统中正确录入《纳税人减免税申请审批表》，同时制作《文书受理回执单》或《税务文书领取通知单》交纳税人。

将纳税人报送的所有资料转下一环节。

2）后续环节。接收上一环节转来的资料，进行审核，主要审核以下内容：

①案头审核。通过系统调阅以下信息：企业营业执照登记信息、税务登记信息、纳税申报表信息、财务报表信息。

②实地审核。对纳税人提供的资料进行审核后，税务机关需要对申请材料的内容进行实地核实的，应当指派2名以上工作人员按规定程序进行实地核查，并将核查情况记录在案，制作调查报告。

通过以上审核，确定审核结果和审核权限，根据审核权限签署意见，将签署意见的《纳税人减免税申请审批表》送达纳税人。

5. 对老年服务机构的企业所得税优惠的审批，包括哪些内容？

答：（1）概述

对政府部门和企事业单位、社会团体以及个人等社会力量投资兴办的福利性、非营利性的老年服务机构，暂免征收企业所得税。

（2）纳税人应提供的资料

1）需出示的资料：税务登记证副本。

2）需报送的资料：民政部门核发的非营利性老年服务机构证书原件及复印件。

（3）对纳税人的时限要求

企业应于年度申报前申请减免税。

（4）税务机关承诺时限

提供资料完整、填写内容准确、各项手续齐全，自受理之日起2个工作日内转下一环节；税务机关办结时限：县、区级税务机关负责审批的减免税，必须在20个工作日内做出审批决定；地市级税务机关负责审批的，必须在30个工作日内做出审批决定；省级税务机关负责审批的，必须在60个工作日内做出审批决定。

（5）办理流程

1）受理环节。

①查验资料。查验纳税人出示的证件是否有效。

②审核。主要审核以下内容：接收纳税人报送的资料，检查资料是否齐全、印章是否齐全、填写是否完整、复印件与原件是否一致，复印件是否注明"与原件相符"字样并由纳税人签章，核对后原件返还纳税人；纸质资料不齐全、填写内容不完整的，应当场一次性告知纳税人补正或重新填报；审核无误后，在系统中正确录入《纳税人减免税申请审批表》，同时制作《文书受理回执单》或《税务文书领取通知单》交纳税人。

将纳税人报送的所有资料转下一环节。

2）后续环节。接收上一环节转来的资料，进行审核，主要审核以下内容：

①案头审核。通过系统调阅以下信息：营业执照登记信息、事业单位法人登记证书信息或民办非企业登记证书信息、税务登记信息、纳税申报表信息、财务报表信息。

②实地审核。对纳税人提供的资料进行审核后，税务机关需要对申请材料的内容进行实地核实的，应当指派2名以上工作人员按规定程序进行实地核查，并将核查情况记录在案，制作调查报告。

通过以上审核，确定审核结果和审核权限，根据审核权限签署意见，将签署意见的《纳税人减免税申请审批表》送达纳税人。

6. 对公益性青少年活动场所的企业所得税优惠的审批，包括哪些内容？

答：（1）概述

对公益性青少年活动场所暂免征收企业所得税。

（2）纳税人应提供的资料

1）需出示的资料：税务登记证副本。

2）需报送的资料：

①县级以上共青团组织出具的专门为青少年学生提供公益性活动的证明材料原件及复印件。

②文化或体育等主管部门核发的经营许可证原件及复印件。

（3）对纳税人的时限要求

企业应于年度申报前申请减免税。

（4）税务机关承诺时限

提供资料完整、填写内容准确、各项手续齐全，自受理之日起2个工作日内转下一环节；税务机关办结时限：县、区级税务机关负责审批的减免税，必须在20个工作日内做出审批决定；地市级税务机关负责审批的，必须在30个工作日内做出审批决定；省级税务机关负责审批的，必须在60个工作日内做出审批决定。

（5）办理流程

1）受理环节。

①查验资料。查验纳税人出示的证件是否有效。

②审核。主要审核以下内容：接收纳税人报送的资料，检查资料是否齐全、印章是否齐全、填写是否完整、复印件与原件是否一致，复印件是否注明"与原件相符"字样并由纳税人签章，核对后原件返还纳税人；纸质资料不齐全、填写内容不完整的，应当场一次性告知纳税人补正或重新填报；审核无误后，在系统中正确录入《纳税人减免税申请审批表》，同时制作《文书受理回执单》或《税务文书领取通知单》交纳税人。

将纳税人报送的所有资料转下一环节。

2）后续环节。接收上一环节转来的资料，进行审核，主要审核以下内容：

①案头审核。通过系统调阅以下信息：营业执照登记信息、事业单位法人登记证书信息或民办非企业登记证书信息、税务登记信息、纳税申报表信息、财务报表信息。

②实地审核。对纳税人提供的资料进行审核后，税务机关需要对申请材料的内容进行实地核实的，应当指派2名以上工作人员按规定程序进行实地核查，并将核查情况记录在案，制作调查报告。

通过以上审核，确定审核结果和审核权限，根据审核权限签署意见，将签署意见的《纳税人减免税申请审批表》送达纳税人。

7. 对农口企业的所得，如何进行企业所得税优惠的审批？

答：（1）概述

对国有农口企事业单位从事种植业、养殖业和农林产品初加工业取得的所得暂免征收企业所得税。

（2）纳税人应提供的资料

1）需出示的资料：税务登记证副本。

2）需报送的资料：免税收入明细表。

（3）对纳税人的时限要求

企业应于年度申报前申请减免税。

（4）税务机关承诺时限

提供资料完整、填写内容准确、各项手续齐全，自受理之日起2个工作日内转下一环节；税务机关办结时限：县、区级税务机关负责审批的减免税，必须在20个工作日内做出审批决定；地市级税务机关负责审批的，必须在30个工作日内做出审批决定；省级税务机关负责审批的，必须在60个工作日内做出审批决定。

（5）办理流程

1）受理环节。

①查验资料。查验纳税人出示的证件是否有效。

②审核。主要审核以下内容：接收纳税人报送的资料，检查资料是否齐全、印章是否齐全、填写是否完整；纸质资料不齐全、填写内容不完整的，应当场一次性告知纳税人补正或重新填报；审核无误后，在系统中正确录入《纳税人减免税申请审批表》，同时制作《文书受理回执单》或《税务文书领取通知单》交纳税人。

将纳税人报送的所有资料转下一环节。

2）后续环节。接收上一环节转来的资料，进行审核，主要审核以下内容：

①案头审核。通过系统调阅以下信息：企业营业执照登记信息、税务登记信息、纳税申报表信息、财务报表信息。

②实地审核。对纳税人提供的资料进行审核后，税务机关需要对申请材料的内容进行实地核实的，应当指派 2 名以上工作人员按规定程序进行实地核查，并将核查情况记录在案，制作调查报告。

通过以上审核，确定审核结果和审核权限，根据审核权限签署意见，将签署意见的《纳税人减免税申请审批表》送达纳税人。

8. 对农业产业化龙头企业的所得，如何进行企业所得税优惠的审批？

答：**（1）概述**

对符合一定条件的农业产业化国家重点龙头企业从事种植业、养殖业和农林产品初加工业取得的所得暂免征收企业所得税。

（2）纳税人应提供的资料

1）需出示的资料：税务登记证副本。

2）需报送的资料：

①免税收入明细表。

②经全国农业产业化联席会议审查认定的"重点龙头企业证明"原件及复印件。

（3）对纳税人的时限要求

企业应于年度申报前申请减免税。

（4）税务机关承诺时限

提供资料完整、填写内容准确、各项手续齐全，自受理之日起 2 个工作日内转下一环节；税务机关办结时限：县、区级税务机关负责审批的减免税，必须在 20 个工作日内做出审批决定；地市级税务机关负责审批的，必须在 30 个工作日内做出审批决定；省级税务机关负责审批的，必须在 60 个工作日内做出审批决定。

（5）办理流程

1）受理环节。

①查验资料。查验纳税人出示的证件是否有效。

②审核。主要审核以下内容：接收纳税人报送的资料，检查资料是否齐全、印章是否齐全、填写是否完整、复印件与原件是否一致，复印件是否注明"与原件相符"字样并由纳税人签章，核对后原件返还纳税人；纸质资料不齐全、填写内容不完整的，应当场一次性告知纳税人补正或重新填报；审核无误后，在系统中正确录入《纳税人减免税申请审批表》，同时制作《文书受理回执单》或《税务文书领取通知单》交纳税人。

将纳税人报送的所有资料转下一环节。

2）后续环节。接收上一环节转来的资料，进行审核，主要审核以下内容：

①案头审核。通过系统调阅以下信息：企业营业执照登记信息、税务登记信息、纳税申报表信息、财务报表信息。

②实地审核。对纳税人提供的资料进行审核后，税务机关需要对申请材料的内容进行实地核实的，应当指派 2 名以上工作人员按规定程序进行实地核查，并将核查情况记录在案，制作调查报告。

通过以上审核，确定审核结果和审核权限，根据审核权限签署意见，将签署意见的《纳税人减免税申请审批表》送达纳税人。

9. 为农业生产的产前、产中、产后服务的行业的所得，如何进行企业所得税优惠的审批？

答：（1）概述

对农村的为农业生产的产前、产中、产后服务的行业，即乡、村的农技推广站、植保站、水管站、林业站、畜牧兽医站、水产站、种子站、农机站、气象站，以及农民专业技术协会、专业合作社，对其提供的技术服务或劳务所取得的收入，以及城镇其他各类事业单位开展上述技术服务或劳务所取得的收入暂免征收企业所得税。

（2）纳税人应提供的资料

1）需出示的资料：税务登记证副本。

2）需报送的资料：免税收入明细资料。

（3）对纳税人的时限要求

企业应于年度申报前申请减免税。

（4）税务机关承诺时限

提供资料完整、填写内容准确、各项手续齐全，自受理之日起2个工作日内转下一环节；税务机关办结时限：县、区级税务机关负责审批的减免税，必须在20个工作日内做出审批决定；地市级税务机关负责审批的，必须在30个工作日内做出审批决定；省级税务机关负责审批的，必须在60个工作日内做出审批决定。

（5）办理流程

1）受理环节。

①查验资料。查验纳税人出示的证件是否有效。

②审核。主要审核以下内容：接收纳税人报送的资料，检查资料是否齐全、印章是否齐全、填写是否完整；纸质资料不齐全、填写内容不完整的，应当场一次性告知纳税人补正或重新填报；审核无误后，在系统中正确录入《纳税人减免税申请审批表》，同时制作《文书受理回执单》或《税务文书领取通知单》交纳税人。

将纳税人报送的所有资料转下一环节。

2）后续环节。接收上一环节转来的资料，进行审核，主要审核以下内容：

①案头审核。通过系统调阅以下资料：税务登记信息、营业执照信息、事业单位法人登记证书信息或社团组织登记信息、纳税申报表信息、财务报表信息。

与纳税人提供的《纳税人减免税申请审批表》进行比对，对免税收入明细资料进行审核，明确纳税人是否符合政策中规定的条件。

②实地审核。对纳税人提供的资料进行审核后，税务机关需要对申请材料的内容进行实地核实的，应当指派 2 名以上工作人员按规定程序进行实地核查，并将核查情况记录在案，制作调查报告。

通过以上审核，确定审核结果和审核权限，根据审核权限签署意见，将签署意见的《纳税人减免税申请审批表》送达纳税人。

10. 对农林牧业和经济不发达地区外商投资企业，可以延长减征企业所得税吗?

答：（1）概述

从事农业、林业、牧业的外商投资企业和设在经济不发达的边远地区的外商投资企业，依照税法规定享受免税、减税待遇期满后，经企业申请，国务院税务主管部门批准，在以后的 10 年内可以继续按应纳税额减征 15%~30% 的企业所得税。

（2）纳税人应提供的资料

省级以上农林牧业部门的批准证书复印件或出具的对该企业所属行业认定的证明。

（3）对纳税人的时限要求

在定期减免税期满后一个月内。

（4）税务机关承诺时限

提供资料完整、填写内容准确、各项手续齐全，符合受理条件的当场受理，在 2 个工作日内转下一环节；税务机关在 90 个工作日内办结。

（5）办理流程

1）受理环节。

①在系统中查询企业定期减免税是否期满。

②审核资料是否齐全、合法、有效，《纳税人减免税申请审批表》填写内容是否完整、准确，签章是否齐全。

③审核《纳税人减免税申请审批表》填写内容与附报资料是否相符。

④符合条件的将企业申请信息录入系统，同时制作《文书受理回执单》或《税务文书领取通知单》交纳税人。

⑤纳税人提交资料不齐全或《纳税人减免税申请审批表》填写内容不符合规定，应当场一次性告知纳税人补正或重新填报。

审核无误后，将纳税人报送的所有资料转下一环节。

2）后续环节。接收上一环节转来的信息资料，主要审核以下内容：

①调阅以下资料：工商登记信息、商务部门批准设立信息、以前年度享受减免税信息。

②根据报送的资料审核：是否是从事农业、林业、牧业生产的外商投资企业；企业依照税法第八条第一款和第二款的规定享受免税、减税待遇是否已经期满。

③纳税人申请的减免事项（减免方式，减免额度，减免幅度，减免期限）是否符合相关政策规定。

根据审核结果进行审核审批，确定审批结果，将盖章、签署审批意见的《纳税人减免税申请审批表》返还纳税人。

11. 对林业企业的所得，如何进行所得税优惠的审批？

答：（1）概述

对包括国有企事业单位在内的所有企事业单位种植林木、林木种子和苗木作物以及从事林木产品初加工取得的所得暂免征收企业所得税。

（2）纳税人应提供的资料

1）需出示的资料：税务登记证副本。

2）需报送的资料：

①收入明细资料。

②从事林木产品初加工的企业应报送资源综合利用认定证书原件及复印件。

（3）对纳税人的时限要求

企业应于年度申报前申请减免税。

（4）税务机关承诺时限

提供资料完整、填写内容准确、各项手续齐全，自受理之日起2个工作日内转下一环节；税务机关办结时限：县、区级税务机关负责审批的减免税，必须在20个工作日内做出审批决定；地市级税务机关负责审批的，必须在30个工作日内做出审批决定；省级税务机关负责审批的，必须在60个工作日内做出审批决定。

（5）办理流程

1）受理环节。

①查验资料。查验纳税人出示的证件是否有效。

②审核。主要审核以下内容：接收纳税人报送的资料，检查资料是否齐全、印章是否齐全、填写是否完整、复印件与原件是否一致；纸质资料不齐全、填写内容不完整的，应当场一次性告知纳税人补正或重新填报；审核无误后，在系统中正确录入《纳税人减免税申请审批表》，同时制作《文书受理回执单》或《税务文书领取通知单》交纳税人。

将纳税人报送的所有资料转下一环节。

2）后续环节。接收上一环节转来的资料，进行审核，主要审核以下内容：

①案头审核。通过系统调阅以下信息：企业营业执照登记信息、税务登记信息、纳税申报表信息、财务报表信息。

②实地审核。对纳税人提供的资料进行审核后，税务机关需要对申请材料的内容进行实地核实的，应当指派2名以上工作人员按规定程序进行实地核查，并将核查情况记录在案，制作调查报告。

通过以上审核，确定审核结果和审核权限，根据审核权限签署意见，将签署意见的《纳税人减免税申请审批表》送达纳税人。

12. 对渔业企业的所得，如何进行企业所得税优惠的审批？

答：（1）概述

对取得农业部颁发的《远洋渔业企业资格证书》并在有效期内的远洋渔业企业，从事远洋捕捞业务取得的所得，暂免征收企业所得税；取得各级渔业主管部门核发的《渔业捕捞许可证》的渔业企业，从事外海、远洋捕捞业务取得的所得，暂免征收企业所得税。

（2）纳税人应提供的资料

1）需出示的资料：税务登记证副本。

2）需报送的资料：

①远洋渔业企业应报送农业部颁发的《远洋渔业企业资格证书》原件及复印件。

②渔业企业应报送各级渔业主管部门核发的《渔业捕捞许可证》原件及复印件。

（3）对纳税人的时限要求

企业应于年度申报前申请减免税。

（4）税务机关承诺时限

提供资料完整、填写内容准确、各项手续齐全，自受理之日起2个工作日内转下一环节；税务机关办结时限：县、区级税务机关负责审批的减免税，必须在20个工作日内做出审批决定；地市级税务机关负责审批的，必须在30个工作日内做出审批决定；省级税务机关负责审批的，必须在60个工作日内做出审批决定。

（5）办理流程

1）受理环节。

①查验资料。查验纳税人出示的证件是否有效。

②审核。主要审核以下内容：接收纳税人报送的资料，检查资料是否齐全、印章是否齐全、填写是否完整、复印件与原件是否一致，复印件是否注明"与原件相符"字样并由纳税人签章，核对后原件返还纳税人；纸质资料不齐全、填写内容不完整的，应当场一次性告知

纳税人补正或重新填报；审核无误后，在系统中正确录入《纳税人减免税申请审批表》，同时制作《文书受理回执单》或《税务文书领取通知单》交纳税人。

将纳税人报送的所有资料转下一环节。

2）后续环节。接收上一环节转来的资料，进行审核，主要审核以下内容：

①案头审核。通过系统调阅以下资料：企业营业执照登记信息、税务登记信息、纳税申报表信息、财务报表信息。

②实地审核。对纳税人提供的资料进行审核后，税务机关需要对申请材料的内容进行实地核实的，应当指派 2 名以上工作人员按规定程序进行实地核查，并将核查情况记录在案，制作调查报告。

通过以上审核，确定审核结果和审核权限，根据审核权限签署意见，将签署意见的《纳税人减免税申请审批表》送达纳税人。

13. 对科研单位和大专院校的所得，如何进行企业所得税优惠的审批？

答：（1）概述

对科研单位和大专院校服务于各业的技术成果转让、技术培训、技术咨询、技术服务、技术承包所取得的技术性服务收入暂免征收所得税。

（2）纳税人应提供的资料

1）需出示的资料：税务登记证副本。

2）需报送的资料：

①科学研究机构需报送经省、自治区、直辖市和计划单列市以上科委认定的证明原件及复印件。

②实际发生的技术性服务收入明细表。

③取得举办方（如政府、教育部门等）举办本学校的有效证明文件或文书、经认定登记的技术合同。

（3）对纳税人的时限要求

企业应于年度申报前申请减免税。

（4）税务机关承诺时限

提供资料完整、填写内容准确、各项手续齐全，自受理之日起2个工作日内转下一环节；税务机关办结时限：县、区级税务机关负责审批的减免税，必须在20个工作日内做出审批决定；地市级税务机关负责审批的，必须在30个工作日内做出审批决定；省级税务机关负责审批的，必须在60个工作日内做出审批决定。

（5）办理流程

1）受理环节。

①查验资料。查验纳税人出示的证件是否有效。

②审核。主要审核以下内容：接收纳税人报送的资料，检查资料是否齐全、印章是否齐全、填写是否完整、复印件与原件是否一致，复印件是否注明"与原件相符"字样并由纳税人签章，核对后原件返还纳税人；纸质资料不齐全、填写内容不完整的，应当场一次性告知纳税人补正或重新填报；审核无误后，在系统中正确录入《纳税人减免税申请审批表》，同时制作《文书受理回执单》或《税务文书领取通知单》交纳税人。

将纳税人报送的所有资料转下一环节。

2）后续环节。接收上一环节转来的资料，进行审核，主要审核以下内容：

①案头审核。通过系统调阅以下资料：事业单位法人登记证书信息、税务登记信息、纳税申报表信息、财务报表信息。

②实地审核。对纳税人提供的资料进行审核后，税务机关需要对申请材料的内容进行实地核实的，应当指派2名以上工作人员按规定程序进行实地核查，并将核查情况记录在案，制作调查报告。

通过以上审核，确定审核结果和审核权限，根据审核权限签署意见，将签署意见的《纳税人减免税申请审批表》送达纳税人。

14. 对非营利科研机构的所得，如何进行企业所得税优惠的审批？

答：（1）概述

非营利性科研机构从事技术开发、技术转让业务和与之相关的技术咨询、技术服务所得的收入，按有关规定免征企业所得税。

（2）纳税人应提供的资料

1）需出示的资料：税务登记证副本。

2）需报送的资料：

①科技行政主管部门核定的"非营利性科研机构"证明原件及复印件。

②实际发生的技术性服务收入明细表。

③开具的《技术贸易专用发票》原件及复印件。

（3）对纳税人的时限要求

企业应于年度申报前申请减免税。

（4）税务机关承诺时限

提供资料完整、填写内容准确、各项手续齐全，自受理之日起2个工作日内转下一环节；税务机关办结时限：县、区级税务机关负责审批的减免税，必须在20个工作日内做出审批决定；地市级税务机关负责审批的，必须在30个工作日内做出审批决定；省级税务机关负责审批的，必须在60个工作日内做出审批决定。

（5）办理流程

1）受理环节。

①查验资料。查验纳税人出示的证件是否有效。

②审核。主要审核以下内容：接收纳税人报送的资料，检查资料是否齐全、印章是否齐全、填写是否完整、复印件与原件是否一致，复印件是否注明"与原件相符"字样并由纳税人签章，核对后原件返还纳税人；纸质资料不齐全、填写内容不完整的，应当场一次性告知纳税人补正或重新填报；审核无误后，在系统中正确录入《纳税人减

免税申请审批表》，同时制作《文书受理回执单》或《税务文书领取通知单》交纳税人。

将纳税人报送的所有资料转下一环节。

2）后续环节。接收上一环节转来的资料，进行审核，主要审核以下内容：

①案头审核。通过系统调阅以下信息：事业单位法人登记证书信息、税务登记信息、纳税申报表信息、财务报表信息。

②实地审核。对纳税人提供的资料进行审核后，税务机关需要对申请材料的内容进行实地核实的，应当指派2名以上工作人员按规定程序进行实地核查，并将核查情况记录在案，制作调查报告。

通过以上审核，确定审核结果和审核权限，根据审核权限签署意见，将签署意见的《纳税人减免税申请审批表》送达纳税人。

15. 对免税的技术转让收益的企业所得税优惠审批，包括哪些内容？

答：（1）概述

企业事业单位进行技术转让，以及在技术转让过程中发生的与技术转让有关的技术咨询、技术服务、技术培训的所得，年净收入在30万元以下的，暂免征收企业所得税。

（2）纳税人应提供的资料

1）需出示的资料：税务登记证副本。

2）需报送的资料：

①取得经有权认定机构认定登记的技术合同复印件。

②实际发生的技术性服务收入明细表。

③开具的《技术贸易专用发票》原件及复印件。

（3）对纳税人的时限要求

企业应于年度申报前申请减免税。

（4）税务机关承诺时限

提供资料完整、填写内容准确、各项手续齐全，自受理之日起2

个工作日内转下一环节；税务机关办结时限：县、区级税务机关负责审批的减免税，必须在 20 个工作日内做出审批决定；地市级税务机关负责审批的，必须在 30 个工作日内做出审批决定；省级税务机关负责审批的，必须在 60 个工作日内做出审批决定。

（5）办理流程

1）受理环节。

①查验资料。查验纳税人出示的证件是否有效。

②审核。主要审核以下内容：接收纳税人报送的资料，检查资料是否齐全、印章是否齐全、填写是否完整、复印件与原件是否一致，复印件是否注明"与原件相符"字样并由纳税人签章，核对后原件返还纳税人；纸质资料不齐全、填写内容不完整的，应当场一次性告知纳税人补正或重新填报；审核无误后，在系统中正确录入《纳税人减免税申请审批表》，同时制作《文书受理回执单》或《税务文书领取通知单》交纳税人。

将纳税人报送的所有资料转下一环节。

2）后续环节。接收上一环节转来的资料，进行审核，主要审核以下内容：

①案头审核。通过系统调阅以下信息：企业营业执照登记信息、税务登记信息、纳税申报表信息、财务报表信息。

②实地审核。对纳税人提供的资料进行审核后，税务机关需要对申请材料的内容进行实地核实的，应当指派 2 名以上工作人员按规定程序进行实地核查，并将核查情况记录在案，制作调查报告。

通过以上审核，确定审核结果和审核权限，根据审核权限签署意见，将签署意见的《纳税人减免税申请审批表》送达纳税人。

16. 如何对技术改造国产设备投资抵免企业所得税申请进行管理？

答：（1）概述

凡在我国境内投资符合国家产业政策的技术改造项目的企业，其项目所需国产设备投资的 40%可从企业技术改造项目设备购置当年比前一年新增的企业所得税中抵免。技术改造项目国产设备投资抵免企业所得税，由实施技术改造的企业提出申请，按照权限由各级税务机关审核。

（2）纳税人应提供的资料

1）需出示的资料：税务登记证副本。

2）需报送的资料：购置设备的增值税专用发票或者普通发票复印件。

（3）对纳税人的时限要求

企业申请抵免企业所得税，应在技术改造项目批准立项后两个月内递交申请报告。每一纳税年度终了后 10 天内，企业应将实施技术改造项目实际购买的国产设备的名称、产地、规格、型号、数量、单价等情况报送当地主管税务机关。

（4）税务机关承诺时限

提供资料完整、填写内容准确、各项手续齐全，自受理之日起 2个工作日内转下一环节；税务机关办结时限：税务机关在 20 天内核定该年度可抵免的国产设备投资额，省级以上税务机关在接到企业技术改造国产设备投资抵免企业所得税的申请后，一个月内要做出准予或者不准予享受抵免企业所得税的决定，通知当地主管税务机关，并同时将核准文件抄送企业。

（5）办理流程

1）受理环节。

①查验资料。查验纳税人出示的证件是否有效。

②审核。主要审核以下内容：接收纳税人报送的资料，检查资料是否齐全、印章是否齐全、填写是否完整、复印件与原件是否一致，复印件是否注明"与原件相符"字样并由纳税人签章，核对后原件返还纳税人；纸质资料不齐全、填写内容不完整的，应当场一次性告知纳税人补正或重新填报；通过系统审核纳税人是否具备技术改造国产设备投资抵免的税务资格认定；审核无误后，同时制作《文书受理回执单》或《税务文书领取通知单》交纳税人。

将纳税人报送的所有资料转下一环节。

2）后续环节。接收上一环节转来的资料，进行案头审核，主要审核以下内容：

通过系统调阅以下资料：立项认定管理《技术改造国产设备投资抵免申请表》；纳税申报表信息；财务报表信息。

与纳税人提供的《技术改造国产设备投资抵免企业所得税审核表》进行比对；比对实际投资额与立项阶段的初步概算清单是否相符，审核购置设备的增值税专用发票或者普通发票复印件，明确国产设备投资额是否符合政策规定。

审核本年度较基期新增企业所得税金额，以此确定准予抵免企业所得税的金额。

国产设备投资抵免审批发生在减免税审批之后，规定中所称"企业技术改造项目设备购置当年比前一年新增的企业所得税"的计算口径为减除减免税之后的新增企业所得税。

通过以上审核，确定审核结果和审核权限，根据审核权限签署意见，将签署意见的一份《技术改造国产设备投资抵免企业所得税审核表》或者《技术改造国产设备投资抵免企业所得税明细表》送达纳税人。

17. 对先进技术企业的税收优惠，如何进行审批？

答：（1）概述

外商投资举办的先进技术企业，依照税法规定免征、减征企业所得税期满后仍为先进技术企业的，可以按照税法规定的税率延长三年减半征收企业所得税。

（2）纳税人应提供的资料

商务部门（出具）的先进技术企业证书复印件或相关证明文件。

（3）对纳税人的时限要求

税法规定免征、减征企业所得税期满后报送。

（4）税务机关承诺时限

提供资料完整、填写内容准确、各项手续齐全，符合受理条件的当场受理，在 2 个工作日内转下一环节；税务机关在 30 个工作日内办结。

（5）办理流程

1）受理环节。

①审核资料是否齐全、合法、有效，《纳税人减免税申请审批表》填写内容是否完整、准确，签章是否齐全。

②审核《纳税人减免税申请审批表》填写内容与附报资料是否相符。

③符合条件的将企业申请信息录入系统，同时制作《文书受理回执单》或《税务文书领取通知单》交纳税人。

④纳税人提交资料不齐全或《纳税人减免税申请审批表》的填写内容不符合规定，应当场一次性告知纳税人补正或重新填报。

审核无误后，将纳税人报送的所有资料转下一环节。

2）后续环节。接收上一环节转来的信息资料，主要审核以下内容：

①调阅以下资料：税务登记信息、营业执照信息、以前年度享受减免税信息。

②根据报送的资料审核：免征、减征企业所得税期满后，是否仍为先进技术企业；是否取得商务部门（出具）的先进技术企业证书或相关证明文件。

③纳税人申请的减免事项（减免方式，减免额度，减免幅度，减免期限）是否符合相关政策规定。

根据审核结果进行审核审批，确定审批结果，将盖章、签署审批意见的《纳税人减免税申请审批表》返还纳税人。

18. 生产和装配伤残人员专门用品的企业，如何进行企业所得税优惠的审批？

答：（1）概述

对生产和装配伤残人员专门用品的企业免征企业所得税，此项业务事项延长至 2008 年底。

（2）纳税人应提供的资料

1）需出示的资料：税务登记证副本。

2）需报送的资料：

①伤残人员专门用品制作师名册及其相关的《执业证书》原件及复印件。

②符合《中国伤残人员专门用品目录（第一批）》证明原件及复印件。

③收入明细资料。

（3）对纳税人的时限要求

企业应于年度申报前申请减免税。

（4）税务机关承诺时限

提供资料完整、填写内容准确、各项手续齐全，自受理之日起2个工作日内转下一环节；税务机关办结时限：县、区级税务机关负责审批的减免税，必须在20个工作日内做出审批决定；地市级税务机关负责审批的，必须在30个工作日内做出审批决定；省级税务机关负责审批的，必须在60个工作日内做出审批决定。

（5）办理流程

1）受理环节。

①查验资料。查验纳税人出示的证件是否有效。

②审核。主要审核以下内容：接收纳税人报送的资料，检查资料是否齐全、印章是否齐全、填写是否完整、复印件与原件是否一致，复印件是否注明"与原件相符"字样并由纳税人签章，核对后原件返还纳税人；纸质资料不齐全、填写内容不完整的，应当场一次性告知纳税人补正或重新填报；审核无误后，在系统中正确录入《纳税人减免税申请审批表》，同时制作《文书受理回执单》或《税务文书领取通知单》交纳税人。

将纳税人报送的所有资料转下一环节。

2）后续环节。接收上一环节转来的资料，进行审核，主要审核以下内容：

①案头审核。通过系统调阅以下信息：企业营业执照登记信息、

税务登记信息、纳税申报表信息、财务报表信息。

②实地审核。对纳税人提供的资料进行审核后，税务机关需要对申请材料的内容进行实地核实的，应当指派 2 名以上工作人员按规定程序进行实地核查，并将核查情况记录在案，制作调查报告。

通过以上审核，确定审核结果和审核权限，根据审核权限签署意见，将签署意见的《纳税人减免税申请审批表》送达纳税人。

19. 生产环保设备企业的企业所得税优惠的审批，包括哪些内容？

答：（1）概述

对专门生产目录内设备（产品）的企业（分厂、车间），在符合独立核算、能独立计算盈亏的条件下，其年度净收入在 30 万元（含 30 万元）以下的，暂免征收企业所得税，超过 30 万元的部分，依法缴纳企业所得税。

（2）纳税人应提供的资料

1）需出示的资料：税务登记证副本。

2）需报送的资料：

①免税收入明细资料。

②地级市以上（含市级）原经贸委（现发改委）对生产环保设备（产品）和企业的认定证明。

（3）对纳税人的时限要求

企业应于年度申报前申请减免税。

（4）税务机关承诺时限

提供资料完整、填写内容准确、各项手续齐全，自受理之日起 2 个工作日内转下一环节；税务机关办结时限：县、区级税务机关负责审批的减免税，必须在 20 个工作日内做出审批决定；地市级税务机关负责审批的，必须在 30 个工作日内做出审批决定；省级税务机关负责审批的，必须在 60 个工作日内做出审批决定。

（5）办理流程

1）受理环节。

①查验资料。查验纳税人出示的证件是否有效。

②审核。主要审核以下内容：接收纳税人报送的资料，检查资料是否齐全、印章是否齐全、填写是否完整、复印件与原件是否一致；纸质资料不齐全、填写内容不完整的，应当场一次性告知纳税人补正或重新填报；审核无误后，在系统中正确录入《纳税人减免税申请审批表》，同时制作《文书受理回执单》或《税务文书领取通知单》交纳税人。

将纳税人报送的所有资料转下一环节。

2）后续环节。接收上一环节转来的资料，进行审核，主要审核以下内容：

①案头审核。通过系统调阅以下资料：税务登记信息、营业执照信息、纳税申报表信息、财务报表信息。

与纳税人提供的《纳税人减免税申请审批表》进行比对，审核《资源综合利用认定证书》和免税收入明细资料，明确纳税人是否符合政策规定中条件。

②实地审核。对纳税人提供的资料进行审核后，税务机关需要对申请材料的内容进行实地核实的，应当指派2名以上工作人员按规定程序进行实地核查，并将核查情况记录在案，制作调查报告。

通过以上审核，确定审核结果和审核权限，根据审核权限签署意见，将签署意见的《纳税人减免税申请审批表》送达纳税人。

20. 对教育事业的所得，如何进行所得税优惠的审批？

答：（1）概述

对政府举办的高等、中等和初等学校（不含下属单位）举办进修班、培训班取得的收入，收入全部归学校所有的，免征营业税和企业所得税；对政府举办的职业学校设立的主要为在校学生提供实习场所并由学校出资自办、由学校负责经营管理、经营收入归学校所有的企业，对其从事营业税暂行条例"服务业"税目规定的服务项目（广告业、桑拿、按摩、氧吧等除外）取得的收入，免征企业所得税；对高等学校、各类职业学校服务于各业的技术转让、技术培训、技术咨询、技术服务、技术承包所取得的技术性服务收入，暂免征收企业所得税。

（2）纳税人应提供的资料

1）需出示的资料：税务登记证副本。

2）需报送的资料：

①免税收入明细资料。

②技术性服务收入应提供开具的《技术贸易专用发票》原件及复印件。

（3）对纳税人的时限要求

企业应于年度申报前申请减免税。

（4）税务机关承诺时限

提供资料完整、填写内容准确、各项手续齐全，自受理之日起2个工作日内转下一环节；税务机关办结时限：县、区级税务机关负责审批的减免税，必须在20个工作日内做出审批决定；地市级税务机关负责审批的，必须在30个工作日内做出审批决定；省级税务机关负责审批的，必须在60个工作日内做出审批决定。

（5）办理流程

1）受理环节。

①查验资料。查验纳税人出示的证件是否有效。

②审核。主要审核以下内容：接收纳税人报送的资料，检查资料是否齐全、印章是否齐全、填写是否完整、复印件与原件是否一致、复印件是否注明"与原件相符"字样并由纳税人签章，核对后原件返还纳税人；纸质资料不齐全、填写内容不完整的，应当场一次性告知纳税人补正或重新填报；审核无误后，在系统中正确录入《纳税人减免税申请审批表》，并同时制作《文书受理回执单》或《税务文书领取通知单》交纳税人。

将纳税人报送的所有资料转下一环节。

2）后续环节。接收上一环节转来的资料，进行审核，主要审核以下内容：

①案头审核。通过系统调阅以下资料：税务登记信息、事业单位法人登记证书信息或民办非企业登记证书信息、纳税申报表信息、财务报表信息。

与纳税人提供的《纳税人减免税申请审批表》进行比对，对技术性服务收入应提供开具的《技术贸易专用发票》复印件和免税收入明细资料进行审核，明确纳税人是否符合政策中规定的条件。

②实地审核。对纳税人提供的资料进行审核后，税务机关需要对申请材料的内容进行实地核实的，应当指派2名以上工作人员按规定程序进行实地核查，并将核查情况记录在案，制作调查报告。

通过以上审核，确定审核结果和审核权限，根据审核权限签署意见，将签署意见的《纳税人减免税申请审批表》送达纳税人。

21. 文化企业所得税优惠审批包括哪些内容？

答：（1）概述

对政府鼓励的新办文化企业，自工商注册登记之日起，免征3年企业所得税；经营性文化事业单位转制为企业后，免征企业所得税。

（2）纳税人应提供的资料

1）需出示的资料：税务登记证副本。

2）需报送的资料：

①文物商店应提供国家文化行政主管部门许可的证明原件及复印件。

②从事网络经营应提供经国家行政主管部门许可的证明原件及复印件。

③区域出版物发行连锁经营企业应提供国家行政主管部门许可的证明原件及复印件。

④文化事业转制单位应提供转制证明材料原件及复印件。

（3）对纳税人的时限要求

企业应于年度申报前申请减免税。

（4）税务机关承诺时限

提供资料完整、填写内容准确、各项手续齐全，自受理之日起2

个工作日内转下一环节；税务机关办结时限：县、区级税务机关负责审批的减免税，必须在 20 个工作日内做出审批决定；地市级税务机关负责审批的，必须在 30 个工作日内做出审批决定；省级税务机关负责审批的，必须在 60 个工作日内做出审批决定。

（5）办理流程

1）受理环节。

①查验资料。查验纳税人出示的证件是否有效。

②审核。主要审核以下内容：接收纳税人报送的资料，检查资料是否齐全、印章是否齐全、填写是否完整、复印件与原件是否一致，复印件是否注明"与原件相符"字样并由纳税人签章，核对后原件返还纳税人；纸质资料不齐全、填写内容不完整的，应当场一次性告知纳税人补正或重新填报；审核无误后，在系统中正确录入《纳税人减免税申请审批表》，同时制作《文书受理回执单》或《税务文书领取通知单》交纳税人。

将纳税人报送的所有资料转下一环节。

2）后续环节。接收上一环节转来的资料，进行审核，主要审核以下内容：

①案头审核。通过系统调阅以下资料：企业营业执照登记信息、税务登记信息、纳税申报表信息、财务报表信息、验资报告信息。

②实地审核。对纳税人提供的资料进行审核后，税务机关需要对申请材料的内容进行实地核实的，应当指派 2 名以上工作人员按规定程序进行实地核查，并将核查情况记录在案，制作调查报告。

通过以上审核，确定审核结果和审核权限，根据审核权限签署意见，将签署意见的《纳税人减免税申请审批表》送达纳税人。

22. 资源综合利用企业所得税优惠审批包括哪些内容？

答：（1）概述

企业在原设计规定的产品以外，综合利用本企业生产过程中产生的，在《资源综合利用目录》内的资源作主要原料生产的产品的所得，自生产经营之日起，免征所得税五年；企业利用本企业外的大宗煤矸石、炉渣、粉煤灰作主要原料，生产建材产品的所得，自生产经营之日起，免征所得税五年；为处理利用其他企业废弃的，在《资源综合利用目录》内的资源而新办的企业，经主管税务机关批准后，可免征所得税一年。

（2）纳税人应提供的资料

1）需出示的资料：税务登记证副本。

2）需报送的资料：

①相关部门对资源综合产品的认定证明原件及复印件。

②免税收入明细表。

（3）对纳税人的时限要求

企业应于年度申报前申请减免税。

（4）税务机关承诺时限

提供资料完整、填写内容准确、各项手续齐全，自受理之日起2个工作日内转下一环节；税务机关办结时限：县、区级税务机关负责审批的减免税，必须在20个工作日内做出审批决定；地市级税务机关负责审批的，必须在30个工作日内做出审批决定；省级税务机关负责审批的，必须在60个工作日内做出审批决定。

（5）办理流程

1）受理环节。

①查验资料。查验纳税人出示的证件是否有效。

②审核。主要审核以下内容：接收纳税人报送的资料，检查资料是否齐全、印章是否齐全、填写是否完整、复印件与原件是否一致，复印件是否注明"与原件相符"字样并由纳税人签章，核对后原件返还纳税人；纸质资料不齐全、填写内容不完整的，应当场一次性告知纳税人补正或重新填报；审核无误后，在系统中正确录入《纳税人减免税申请审批表》，同时制作《文书受理回执单》或《税务文书领取通知单》交纳税人。

将纳税人报送的所有资料转下一环节。

2）后续环节。接收上一环节转来的资料，进行审核，主要审核以下内容：

①案头审核。通过系统调阅以下资料：企业营业执照登记信息、税务登记信息、纳税申报表信息、财务报表信息。

②实地审核。对纳税人提供的资料进行审核后，税务机关需要对申请材料的内容进行实地核实的，应当指派 2 名以上工作人员按规定程序进行实地核查，并将核查情况记录在案，制作调查报告。

通过以上审核，确定审核结果和审核权限，根据审核权限签署意见，将签署意见的《纳税人减免税申请审批表》送达纳税人。

23. 软件及集成电路企业所得税优惠审批包括哪些内容？

答：（1）概述

我国境内新办软件生产企业、集成电路设计企业、生产线宽小于 0.8 微米（含）集成电路产品的生产企业经认定后，自开始获利年度起，第一年和第二年免征企业所得税，第三年至第五年减半征收企业所得税。

（2）纳税人应提供的资料

1）需出示的资料：税务登记证副本。

2）需报送的资料：

①软件企业应报送省级信息产业主管部门颁发的软件企业认定证书原件及复印件。

②集成电路设计企业应报送信息产业部委托认定机构认定的证书、证明文件原件及复印件。

③国家规划布局内的重点软件企业证明和重点软件企业证书原件及复印件。

（3）对纳税人的时限要求

企业应于年度申报前申请减免税。

（4）税务机关承诺时限

提供资料完整、填写内容准确、各项手续齐全，自受理之日起 2 个工作日内转下一环节；税务机关办结时限：县、区级税务机关负责审批的减免税，必须在 20 个工作日内做出审批决定；地市级税务机关负责审批的，必须在 30 个工作日内做出审批决定；省级税务机关负责审批的，必须在 60 个工作日内做出审批决定。

（5）办理流程

1）受理环节。

①查验资料。查验纳税人出示的证件是否有效。

②审核。主要审核以下内容：接收纳税人报送的资料，检查资料是否齐全、印章是否齐全、填写是否完整、复印件与原件是否一致，复印件是否注明"与原件相符"字样并由纳税人签章，核对后原件返还纳税人；纸质资料不齐全、填写内容不完整的，应当场一次性告知纳税人补正或重新填报；审核无误后，在系统中正确录入《纳税人减免税申请审批表》，同时制作《文书受理回执单》或《税务文书领取通知单》交纳税人。

将纳税人报送的所有资料转下一环节。

2）后续环节。接收上一环节转来的资料，进行审核，主要审核以下内容：

①案头审核。通过系统调阅以下资料：企业营业执照登记信息、税务登记信息、纳税申报表信息、财务报表信息。

②实地审核。对纳税人提供的资料进行审核后，税务机关需要对申请材料的内容进行实地核实的，应当指派 2 名以上工作人员按规定程序进行实地核查，并将核查情况记录在案，制作调查报告。

通过以上审核，确定审核结果和审核权限，根据审核权限签署意见，将签署意见的《纳税人减免税申请审批表》送达纳税人。

24. 重点软件企业、集成电路生产企业，如何进行企业所得税优惠的审批？

答：（1）概述

实际从事软件生产和集成电路生产企业，由纳税人提出申请享受税收优惠政策。

（2）纳税人应提供的资料

1）《纳税人减免税申请审批表》。

2）有关部门颁发的重点软件企业、集成电路生产企业认定证书或批准文书复印件。

（3）税务机关承诺时限

提供资料完整、填写内容准确、各项手续齐全，自受理之日起 2 个工作日内转下一环节；税务机关在 20 个工作日内办结。

（4）办理流程

1）受理环节。

①证件资料是否齐全、合法、有效，《纳税人减免税申请审批表》填写是否完整准确，印章是否齐全。

②审核《纳税人减免税申请审批表》填写内容与附报资料是否一致，复印件是否注明"与原件相符"字样并由纳税人签章。

③纸质资料不全或者填写有误的，应当场一次性通知纳税人补正或重新填报。

④符合条件的，在系统中正确录入《纳税人减免税申请审批表》信息，同时制作《文书受理回执单》或《税务文书领取通知单》交纳税人。

将受理的资料转下一环节。

2）后续环节。接收上一环节转来的信息资料，主要审核以下内容：

①企业的投资额是否超过 80 亿元人民币，或者集成电路线宽是否小于 0.25 微米。

②企业是否兼营其他一般项目。

③纳税人申请的减免事项（减免方式，减免额度，减免幅度，减免期限）是否符合相关政策规定。

根据审核结果进行审核审批，确定审批结果，将盖章、签署审批意见的《纳税人减免税申请审批表》返还纳税人。

25. 新办的服务型企业所得税优惠审批，包括哪些内容？

答：（1）概述

对新办的独立核算的从事咨询业（包括科技、法律、会计、审计、税务等咨询业）、信息业、技术服务业的企业或经营单位，自开业之日起，第一年至第二年免征企业所得税。对新办的独立核算的从事交通运输业、邮电通信业的企业或经营单位，自开业之日起，第一年免征企业所得税，第二年减半征收企业所得税。

（2）纳税人应提供的资料

1）需出示的资料：税务登记证副本。

2）需报送的资料：取得第一笔收入的证明材料。

（3）对纳税人的时限要求

企业应于年度申报前申请减免税。

（4）税务机关承诺时限

提供资料完整、填写内容准确、各项手续齐全，自受理之日起2个工作日内转下一环节；税务机关办结时限：县、区级税务机关负责审批的减免税，必须在20个工作日内做出审批决定；地市级税务机关负责审批的，必须在30个工作日内做出审批决定；省级税务机关负责审批的，必须在60个工作日内做出审批决定。

（5）办理流程

1）受理环节。

①查验资料。查验纳税人出示的证件是否有效。

②审核。主要审核以下内容：接收纳税人报送的资料，检查资料是否齐全、印章是否齐全、填写是否完整、复印件与原件是否一致，复印件是否注明"与原件相符"字样并由纳税人签章，核对后原件返还纳税人；纸质资料不齐全、填写内容不完整的，应当场一次性告知纳税人补正或重新填报；审核无误后，在系统中正确录入《纳税人减免税申请审批表》，同时制作《文书受理回执单》或《税务文书领取通知单》交纳税人。

将纳税人报送的所有资料转下一环节。

2）后续环节。接收上一环节转来的资料，进行审核，主要审核以下内容：

①案头审核。通过系统调阅以下资料：企业营业执照登记信息、税务登记信息、纳税申报表信息、财务报表信息、验资报告信息。

②实地审核。对纳税人提供的资料进行审核后，税务机关需要对

申请材料的内容进行实地核实的，应当指派 2 名以上工作人员按规定程序进行实地核查，并将核查情况记录在案，制作调查报告。

通过以上审核，确定审核结果和审核权限，根据审核权限签署意见，将签署意见的《纳税人减免税申请审批表》送达纳税人。

26. 新办的其他企业所得税优惠审批，包括哪些内容？

答：（1）概述

对新办的独立核算的从事公用事业、商业、物资业、对外贸易业、旅游业、仓储业、居民服务业、饮食业、教育文化事业、卫生事业的企业或经营单位，自开业之日起，报经主管税务机关批准，可减征或者免征企业所得税一年。

（2）纳税人应提供的资料

1）需出示的资料：税务登记证副本。

2）需报送的资料：取得第一笔收入的证明材料。

（3）对纳税人的时限要求

企业应于年度申报前申请减免税。

（4）税务机关承诺时限

提供资料完整、填写内容准确、各项手续齐全，自受理之日起 2 个工作日内转下一环节；税务机关办结时限：县、区级税务机关负责审批的减免税，必须在 20 个工作日内做出审批决定；地市级税务机关负责审批的，必须在 30 个工作日内做出审批决定；省级税务机关负责审批的，必须在 60 个工作日内做出审批决定。

（5）办理流程

1）受理环节。

①查验资料。查验纳税人出示的证件是否有效。

②审核。主要审核以下内容：接收纳税人报送的资料，检查资料是否齐全、印章是否齐全、填写是否完整、复印件与原件是否一致，复印件是否注明"与原件相符"字样并由纳税人签章，核对后原件返还纳税人；纸质资料不齐全、填写内容不完整的，应当场一次性告知纳税人补正或重新填报；审核无误后，在系统中正确录入《纳税人减

免税申请审批表》，同时制作《文书受理回执单》或《税务文书领取通知单》交纳税人。

将纳税人报送的所有资料转下一环节。

2）后续环节。接收上一环节转来的资料，进行审核，主要审核以下内容：

①案头审核。通过系统调阅以下资料：企业营业执照登记信息、税务登记信息、纳税申报表信息、财务报表信息、验资报告信息。

②实地审核。对纳税人提供的资料进行审核后，税务机关需要对申请材料的内容进行实地核实的，应当指派 2 名以上工作人员按规定程序进行实地核查，并将核查情况记录在案，制作调查报告。

通过以上审核，确定审核结果和审核权限，根据审核权限签署意见，将签署意见的《纳税人减免税申请审批表》送达纳税人。

27. 吸纳下岗再就业人员所得税优惠，主要审批哪些内容？

答：（1）概述

对商贸企业、服务型企业（除广告业、房屋中介、典当、桑拿、按摩、氧吧外）、劳动就业服务企业中的加工型企业和街道社区具有加工性质的小型企业实体，在新增加的岗位中，当年新招用持《再就业优惠证》人员，与其签订 1 年以上期限劳动合同并依法缴纳社会保险费的，按实际招用人数予以定额依次扣减营业税、城市维护建设税、教育费附加和企业所得税。

（2）纳税人应提供的资料

1）需出示的资料：税务登记证副本。

2）需报送的资料：

①县级以上劳动保障部门核发的《企业实体吸纳下岗失业人员认定证明》原件及复印件。

②再就业人员缴纳社会保险记录原件及复印件。

③再就业优惠证原件及复印件。

④缴纳营业税、城市维护建设税、教育费附加总金额的证明材料原件及复印件。

（3）对纳税人的时限要求

企业应于年度申报前申请减免税。

（4）税务机关承诺时限

提供资料完整、填写内容准确、各项手续齐全，自受理之日起 2
个工作日内转下一环节；税务机关办结时限：县、区级税务机关负责
审批的减免税，必须在 20 个工作日内做出审批决定；地市级税务机关
负责审批的，必须在 30 个工作日内做出审批决定；省级税务机关负责
审批的，必须在 60 个工作日内做出审批决定。

（5）办理流程

1）受理环节。

①查验资料。查验纳税人出示的证件是否有效。

②审核。主要审核以下内容：接收纳税人报送的资料，检查资料
是否齐全、印章是否齐全、填写是否完整、复印件与原件是否一致，
复印件是否注明"与原件相符"字样并由纳税人签章，核对后原件返
还纳税人；纸质资料不齐全、填写内容不完整的，应当场一次性告知
纳税人补正或重新填报；审核无误后，在系统中正确录入《纳税人减
免税申请审批表》，同时制作《文书受理回执单》或《税务文书领取通
知单》交纳税人。

将纳税人报送的所有资料转下一环节。

2）后续环节。接收上一环节转来的资料，进行审核，主要审核以
下内容：

①案头审核。通过系统调阅以下信息：企业营业执照登记信息、
税务登记信息、纳税申报表信息、财务报表信息。

②实地审核。对纳税人提供的资料进行审核后，税务机关需要对
申请材料的内容进行实地核实的，应当指派 2 名以上工作人员按规定
程序进行实地核查，并将核查情况记录在案，制作调查报告。

通过以上审核，确定审核结果和审核权限，根据审核权限签署意
见，将签署意见的《纳税人减免税申请审批表》送达纳税人。

28. 劳动就业服务企业所得税优惠，主要审批哪些内容？

答：（1）概述

新办的劳动就业服务企业，当年安置城镇待业人员达到 60% 的，可在 3 年内减征或者免征所得税。企业免税期满后，当年新安置城镇待业人员占企业原从业人员总数 30% 以上的，经主管税务机关审核批准，可减半征收企业所得税两年。

（2）纳税人应提供的资料

1）需出示的资料：税务登记证副本。

2）需报送的资料：

①具有劳动保障部门核发的《劳动就业服务企业》证书原件及复印件。

②企业职工花名册及安置人员清册原件及复印件。

③缴纳社会保险记录原件及复印件。

（3）对纳税人的时限要求

企业应于年度申报前申请减免税。

（4）税务机关承诺时限

提供资料完整、填写内容准确、各项手续齐全，自受理之日起 2 个工作日内转下一环节；税务机关办结时限：县、区级税务机关负责审批的减免税，必须在 20 个工作日内做出审批决定；地市级税务机关负责审批的，必须在 30 个工作日内做出审批决定；省级税务机关负责审批的，必须在 60 个工作日内做出审批决定。

（5）办理流程

1）受理环节。

①查验资料。查验纳税人出示的证件是否有效。

②审核。主要审核以下内容：接收纳税人报送的资料，检查资料是否齐全、印章是否齐全、填写是否完整、复印件与原件是否一致，复印件是否注明"与原件相符"字样并由纳税人签章，核对后原件返还纳税人；纸质资料不齐全、填写内容不完整的，应当场一次性告知纳税人补正或重新填报；审核无误后，在系统中正确录入《纳税人减

免税申请审批表》，同时制作《文书受理回执单》或《税务文书领取通知单》交纳税人。

将纳税人报送的所有资料转下一环节。

2）后续环节。接收上一环节转来的资料，进行审核，主要审核以下内容：

①案头审核。通过系统调阅以下信息：企业营业执照登记信息、税务登记信息、纳税申报表信息、财务报表信息。

②实地审核。对纳税人提供的资料进行审核后，税务机关需要对申请材料的内容进行实地核实的，应当指派 2 名以上工作人员按规定程序进行实地核查，并将核查情况记录在案，制作调查报告。

通过以上审核，确定审核结果和审核权限，根据审核权限签署意见，将签署意见的《纳税人减免税申请审批表》送达纳税人。

29. 对国有大中型企业通过主辅分离和辅业改制分流安置本企业富余人员兴办的经济实体所得税优惠审批，包括哪些内容？

答：（1）概述

对国有大中型企业通过主辅分离和辅业改制分流安置本企业富余人员兴办的经济实体（以下除外：金融保险业、邮电通信业、建筑业、娱乐业以及销售不动产、转让土地使用权，服务型企业中的广告业、桑拿、按摩、网吧、氧吧，商贸企业中从事批发、批零兼营以及其他非零售业务的企业），经有关部门认定，税务机关审核，3 年内免征企业所得税。

（2）纳税人应提供的资料

1）需出示的资料：税务登记证副本。

2）需报送的资料：

①由财政部门出具的《"三类资产"认定证明》原件及复印件。

②由经贸部门出具的主辅分离或辅业改制的证明原件及复印件。

③由经贸部门出具的《产权结构证明》（或《产权变更证明》）原件及复印件。

对中央企业兴办的经济实体，上述三项是指由国家经贸委、财政部、劳动和社会保障部联合出具的批复意见和集团公司（总公司）出具的认定证明及有关部门出具的改制批复及经批准的改制方案。

④由劳动保障部门出具的《经济实体安置富余人员认定证明》原件及复印件。

⑤经济实体职工花名册原件及复印件。

⑥原企业与安置的富余人员劳动关系的变更协议及经济实体与富余人员签订的新的劳动合同（副本）原件及复印件。

⑦经济实体工资支付凭证（工资表）原件及复印件。

⑧经济实体为所安置的富余人员个人缴纳社会保险费的记录原件及复印件。

（3）对纳税人的时限要求

企业应于年度申报前申请减免税。

（4）税务机关承诺时限

提供资料完整、填写内容准确、各项手续齐全，自受理之日起 2 个工作日内转下一环节；税务机关办结时限：县、区级税务机关负责审批的减免税，必须在 20 个工作日内做出审批决定；地市级税务机关负责审批的，必须在 30 个工作日内做出审批决定；省级税务机关负责审批的，必须在 60 个工作日内做出审批决定。

（5）办理流程

1）受理环节。

①查验资料。查验纳税人出示的证件是否有效。

②审核。主要审核以下内容：接收纳税人报送的资料，检查资料是否齐全、印章是否齐全、填写是否完整、复印件与原件是否一致，复印件是否注明"与原件相符"字样并由纳税人签章，核对后原件返还纳税人；纸质资料不齐全、填写内容不完整的，应当场一次性告知纳税人补正或重新填报；审核无误后，在系统中正确录入《纳税人减免税申请审批表》，同时制作《文书受理回执单》或《税务文书领取通知单》交纳税人。

将纳税人报送的所有资料转下一环节。

2）后续环节。接收上一环节转来的资料，进行审核，主要审核以下内容：

①案头审核。通过系统调阅以下信息：企业营业执照登记信息、税务登记信息、纳税申报表信息、财务报表信息。

②实地审核。对纳税人提供的资料进行审核后，税务机关需要对申请材料的内容进行实地核实的，应当指派2名以上工作人员按规定程序进行实地核查，并将核查情况记录在案，制作调查报告。

通过以上审核，确定审核结果和审核权限，根据审核权限签署意见，将签署意见的《纳税人减免税申请审批表》送达纳税人。

30. 刑释解教人员就业实体所得税优惠，主要审批哪些内容？

答：（1）概述

对司法行政机关与劳动和社会保障部门共同开办或认定的刑释解教人员就业实体，安置刑释解教人员达到职工总数的40%以上的，由安置企业提出书面申请，市（地）司法行政机关、劳动和社会保障部门审核，报同级税务部门批准，三年内免征企业所得税。

（2）纳税人应提供的资料

1）需出示的资料：税务登记证副本。

2）需报送的资料：司法行政机关与劳动和社会保障部门的认定证明原件及复印件。

（3）对纳税人的时限要求

企业应于年度申报前申请减免税。

（4）税务机关承诺时限

提供资料完整、填写内容准确、各项手续齐全，自受理之日起2个工作日内转下一环节；税务机关办结时限：县、区级税务机关负责审批的减免税，必须在20个工作日内做出审批决定；地市级税务机关负责审批的，必须在30个工作日内做出审批决定；省级税务机关负责审批的，必须在60个工作日内做出审批决定。

（5）办理流程

1）受理环节。

①查验资料。查验纳税人出示的证件是否有效。

②审核。主要审核以下内容：接收纳税人报送的资料，检查资料是否齐全、印章是否齐全、填写是否完整、复印件与原件是否一致，复印件是否注明"与原件相符"字样并由纳税人签章，核对后原件返还纳税人；纸质资料不齐全、填写内容不完整的，应当场一次性告知纳税人补正或重新填报；审核无误后，在系统中正确录入《纳税人减免税申请审批表》，同时制作《文书受理回执单》或《税务文书领取通知单》交纳税人。

将纳税人报送的所有资料转下一环节。

2）后续环节。接收上一环节转来的资料，进行审核，主要审核以下内容：

①案头审核。通过系统调阅以下信息：企业营业执照登记信息、税务登记信息、纳税申报表信息、财务报表信息。

②实地审核。对纳税人提供的资料进行审核后，税务机关需要对申请材料的内容进行实地核实的，应当指派2名以上工作人员按规定程序进行实地核查，并将核查情况记录在案，制作调查报告。

通过以上审核，确定审核结果和审核权限，根据审核权限签署意见，将签署意见的《纳税人减免税申请审批表》送达纳税人。

31. 西气东输管道企业所得税优惠，主要审批哪些内容？

答：（1）概述

对西气东输管道运营企业从开始获利的年度起，第一年和第二年免征企业所得税，第三年至第五年减半征收企业所得税。

（2）纳税人应提供的资料

1）需出示的资料：税务登记证副本。

2）需报送的资料：《交通运输特许经营证明》原件及复印件。

（3）对纳税人的时限要求

企业应于年度申报前申请减免税。

（4）税务机关承诺时限

提供资料完整、填写内容准确、各项手续齐全，自受理之日起2

个工作日内转下一环节；税务机关办结时限：县、区级税务机关负责审批的减免税，必须在 20 个工作日内做出审批决定；地市级税务机关负责审批的，必须在 30 个工作日内做出审批决定；省级税务机关负责审批的，必须在 60 个工作日内做出审批决定。

（5）办理流程

1）受理环节。

①查验资料。查验纳税人出示的证件是否有效。

②审核。主要审核以下内容：接收纳税人报送的资料，检查资料是否齐全、印章是否齐全、填写是否完整、复印件与原件是否一致，复印件是否注明"与原件相符"字样并由纳税人签章，核对后原件返还纳税人；纸质资料不齐全、填写内容不完整的，应当场一次性告知纳税人补正或重新填报；审核无误后，在系统中正确录入《纳税人减免税申请审批表》，同时制作《文书受理回执单》或《税务文书领取通知单》交纳税人。

将纳税人报送的所有资料转下一环节。

2）后续环节。接收上一环节转来的资料，进行审核，主要审核以下内容：

①案头审核。通过系统调阅以下资料：税务登记信息、营业执照信息、纳税申报表信息、财务报表信息。

与纳税人提供的《纳税人减免税申请审批表》进行比对，对《交通运输特许经营证明》复印件和有关资料进行审核，明确纳税人是否符合政策中规定的条件。

②实地审核。对纳税人提供的资料进行审核后，税务机关需要对申请材料的内容进行实地核实的，应当指派 2 名以上工作人员按规定程序进行实地核查，并将核查情况记录在案，制作调查报告。

通过以上审核，确定审核结果和审核权限，根据审核权限签署意见，将签署意见的《纳税人减免税申请审批表》送达纳税人。

32. 广播电视村村通的企业所得税优惠审批包括哪些内容？

答：（1）概述

对经营有线电视网络的事业单位从农村居民用户取得的有线电视收视费收入和安装费收入，3年内不计征企业所得税；对经营有线电视网络的企业从农村居民用户取得的有线电视收视费收入和安装费收入，扣除相关成本费用后的所得，3年内免征企业所得税。

（2）纳税人应提供的资料

1）需出示的资料：税务登记证副本。

2）需报送的资料：免税收入明细资料。

（3）对纳税人的时限要求

企业应于年度申报前申请减免税。

（4）税务机关承诺时限

提供资料完整、填写内容准确、各项手续齐全，自受理之日起2个工作日内转下一环节；税务机关办结时限：县、区级税务机关负责审批的减免税，必须在20个工作日内做出审批决定；地市级税务机关负责审批的，必须在30个工作日内做出审批决定；省级税务机关负责审批的，必须在60个工作日内做出审批决定。

（5）办理流程

1）受理环节。

①查验资料。查验纳税人出示的证件是否有效。

②审核。主要审核以下内容：接收纳税人报送的资料，检查资料是否齐全、印章是否齐全、填写是否完整；纸质资料不齐全、填写内容不完整的，应当场一次性告知纳税人补正或重新填报；审核无误后，在系统中正确录入《纳税人减免税申请审批表》，同时制作《文书受理回执单》或《税务文书领取通知单》交纳税人。

将纳税人报送的所有资料转下一环节。

2）后续环节。接收上一环节转来的资料，进行审核，主要审核以下内容：

①案头审核。通过系统调阅以下资料：税务登记信息、营业执照

信息或者事业单位法人登记证书信息、纳税申报表信息、财务报表信息。

与纳税人提供的《纳税人减免税申请审批表》进行比对，对免税收入明细资料进行审核，明确纳税人是否符合政策中规定的条件。

②实地审核。对纳税人提供的资料进行审核后，税务机关需要对申请材料的内容进行实地核实的，应当指派 2 名以上工作人员按规定程序进行实地核查，并将核查情况记录在案，制作调查报告。

通过以上审核，确定审核结果和审核权限，根据审核权限签署意见，将签署意见的《纳税人减免税申请审批表》送达纳税人。

33. 企业的财产损失，可以申请税前扣除吗？

答：（1）概述

企业的各项财产损失，企业提请财产损失所得税税前扣除申请，经税务机关审批后，在计算应纳税所得额时准予扣除。

（2）纳税人应提供的资料

有法律效力的外部证据、具有法定资质的中介机构的经济鉴定证明和特定事项的企业内部证据。

（3）对纳税人的时限要求

企业发生的各项需审批的财产损失应在纳税年度终了后 15 日内集中一次报税务机关审批。企业发生自然灾害、永久或实质性损害需要现场取证的，应在证据保留期间及时申报审批，也可在年度终了后集中申报审批，但必须出据中介机构、国家及授权专业技术鉴定部门等的鉴定材料。

（4）税务机关承诺时限

提供资料完整、填写内容准确、各项手续齐全，自受理之日起 2 个工作日内转下一环节；县（区）级税务机关负责审批的，必须自受理之日起 20 个工作日内做出审批决定；市（地）级税务机关负责审批的，必须自受理之日起 30 个工作日内做出审批决定；省级税务机关负责审批的，必须自受理之日起 60 个工作日内做出审批决定。因情况复杂需要核实，在规定期限内不能做出决定的，经本级税务机关负责人批准，可以延长 10 天，并将延长期限的理由告知纳税人。

（5）办理流程

1）受理环节。

①检查《企业所得税税前列支申请审批表》填写是否完整准确，印章是否齐全。

②资料不全或者填写内容不符合规定的，应当场一次性通知纳税人补正或重新填报。

③审核无误后将《企业所得税税前列支申请审批表》信息录入系统，制作《税务文书领取通知单》或《文书受理回执单》。

将纳税人报送的所有资料转下一环节。

2）后续环节。

①案头审核。接收上一环节转来的资料，进行审核，主要与纳税人提供的《企业所得税税前列支申请审批表》进行比对，对纳税人按规定提供的申报资料与法定条件的相关性进行的符合性审查。

②实地审核。对纳税人提供的资料进行审核后，税务机关需要对申请材料的内容进行实地核实的，应当指派 2 名以上工作人员按规定程序进行实地核查，并将核查情况记录在案，制作调查报告。

通过以上审核，确定审核结果和审核权限，根据审核权限签署意见，将签署意见的《企业所得税税前列支申请审批表》送达纳税人。

34. 总机构提取的管理费，可以申请税前扣除吗？

答：（1）概述

凡具备企业法人资格和综合管理职能，并且为其下属分支机构和企业提供管理服务又无固定经营收入来源的经营管理与控制中心机构（以下简称总机构），可以按照有关规定，向下属分支机构和企业提取（分摊）总机构管理费。具有多级管理机构的企业，可以分层次计提总机构管理费。

（2）纳税人应提供的资料

1）提取总机构管理费的申请报告。

2）下属所有企业、分支机构的税务登记证（复印件），第二年申请时可只提供新增企业的税务登记证。

3）总机构管理费收入支出明细表。

4）总机构管理费支出明细表、下半年管理费预计支出明细表。

5）分摊管理费的所有企业的名单、本年度上半年纳税申报表、上半年销售收入、预计全年销售收入和利润增长幅度、管理费分摊方式和数额。

6）本年度管理费各项支出（包括上半年实际支出和下半年计划支出）的计算依据和方法。

7）本年度管理费用增减情况和原因说明。

8）所有下属全资企业的出资证明。

（3）对纳税人的时限要求

申请提取管理费的总机构应在每年 7 月至 11 月底完成申报，超过期限的，税务机关原则上不予办理。

申请附送资料不齐全的，税务机关应及时通知其在 15 日内补报，超过期限仍未补报或补报资料仍不符合要求的，税务机关可拒绝受理。

（4）税务机关承诺时限

提供资料完整、填写内容准确、各项手续齐全，自受理之日起 2 个工作日内转下一环节；县（区）级税务机关负责审批的，必须自受理之日起 20 个工作日内做出审批决定；市（地）级税务机关负责审批的，必须自受理之日起 30 个工作日内做出审批决定；省级税务机关负责审批的，必须自受理之日起 60 个工作日内做出审批决定。因情况复杂需要核实，在规定期限内不能做出决定的，经本级税务机关负责人批准，可以延长 10 天，并将延长期限的理由告知纳税人。

（5）办理流程

1）受理环节。

①检查《税务认定审批确认表》填写是否完整准确，印章是否齐全。

②资料不全或者填写内容不符合规定的，应当场一次性通知纳税人补正或重新填报。

③审核无误后将《税务认定审批确认表》信息录入系统，制作《税

务文书领取通知单》或《文书受理回执单》。

将纳税人报送的所有资料转下一环节。

2）后续环节。接收上一环节转来的资料，进行审核，通过系统调阅企业的财务报表信息，审查以下内容：

①总机构是否符合提取管理费的条件。

②是否提供了所有下属企业（包括微利企业、亏损企业和享受减免税企业）的名单和有关资料。

③分摊管理费的企业是否符合全资条件。

④管理费的支出范围和标准是否符合有关规定。

⑤管理费支出数额较大和变动较大的项目及其原因。

⑥总机构管理费的提取比例、分摊数额、增长幅度是否符合有关规定。

⑦上年度纳税申报表中是否单独反映了管理费的收入情况。

⑧总机构提取并在税前扣除的管理费，是否向所有全资的下属企业（包括微利企业、亏损企业和享受减免税企业）按其总收入的同一比例进行分摊，不得在各企业间调剂税前扣除的分摊比例和数额。

⑨总机构的各项经营性和非经营性收入，包括房屋出租收入、国债利息和存款利息收入、对外投资（包括对下属企业投资）分回的投资收益等收入，是否从总机构提取税前扣除管理费数额中扣减。

⑩总机构代下属企业支付的人员工资、奖金等各项费用，是否按规定在下属企业列支，不得计入总机构的管理费。

通过以上审核，确定审核结果和审核权限，根据审核权限签署意见，将签署意见的《企业所得税税前列支申请审批表》送达纳税人。

35. 对外国政府等在我国设立代表机构给予免税待遇的，如何进行审批？

答：（1）概述

外国政府、非营利机构、各民间团体等在我国设立代表机构，对其从事的业务按规定需要给予免税待遇的，应由代表机构（或其总部、上级部门等）提出申请，并提供所在国主管税务当局确认的代表机构性质的证明，经当地税务机关审核后，层报国家税务总局批准。

（2）纳税人应提供的资料

所在国主管税务当局、政府机构确认的代表机构性质证明。

（3）对纳税人的时限要求

代表机构需要享受免税待遇时申请。

（4）税务机关承诺时限

提供资料完整、填写内容准确、各项手续齐全，符合受理条件的当场受理，在 2 个工作日内转下一环节；税务机关在 90 个工作日内办结。

（5）办理流程

1）受理环节。

①审核资料是否齐全、合法、有效，《纳税人减免税申请审批表》填写内容是否完整、准确，签章是否齐全。

②审核《纳税人减免税申请审批表》填写内容与附报资料是否相符。

③符合条件的将企业申请信息录入系统，同时制作《文书受理回执单》或《税务文书领取通知单》交纳税人。

④纳税人提交资料不齐全或《纳税人减免税申请审批表》填写内容不符合规定，应当场一次性告知纳税人补正或重新填报。

审核无误后，将纳税人报送的所有资料转下一环节。

2）后续环节。接收上一环节转来的信息资料，主要审核以下内容：

①代表机构从事的业务是否属于《中华人民共和国财政部对外国企业常驻代表机构征收工商统一税、企业所得税的暂行规定》第二条规定及《国家税务总局关于加强外国企业常驻代表机构税收征管有关问题的通知》（国税发［1996］165 号）第一条第（一）款列举业务以外的活动。

②外国政府、非营利机构、各民间团体等在我国设立的代表机构所在国主管税务当局、政府机构确认的代表机构性质证明是否合法有效。

③纳税人申请的减免事项（减免方式，减免额度，减免幅度，减免期限）是否符合相关政策规定。

根据审核结果进行审核审批，确定审批结果，将盖章、签署审批意见的《纳税人减免税申请审批表》返还纳税人。

36. 从事能源交通项目的外商投资企业减低税率缴纳企业所得税，如何进行审批？

答：（1）概述

在沿海经济开放区和经济特区、经济技术开发区所在城市的老市区设立的从事能源交通项目的生产性外商投资企业，经报国家税务总局批准后，减按 15% 的税率征收企业所得税。

（2）纳税人应提供的资料

行业主管部门出具的从事能源交通项目的批准证明材料。

（3）对纳税人的时限要求

可在企业设立且其项目被有关部门批准后提出申请。

（4）税务机关承诺时限

提供资料完整、填写内容准确、各项手续齐全，符合受理条件的当场受理，在 2 个工作日内转下一环节；税务机关在 90 个工作日内办结。

（5）办理流程

1）受理环节。

①审核资料是否齐全、合法、有效，《纳税人减免税申请审批表》填写内容是否完整、准确，签章是否齐全。

②审核《纳税人减免税申请审批表》填写内容与附报资料是否相符。

③符合条件的将企业申请信息录入系统，同时制作《文书受理回执单》或《税务文书领取通知单》交纳税人。

④纳税人提交资料不齐全或《纳税人减免税申请审批表》填写内容不符合规定，应当场一次性告知纳税人补正或重新填报。

审核无误后，将纳税人报送的所有资料转下一环节。

2）后续环节。接收上一环节转来的信息资料，主要审核以下内容：

①调阅以下资料：工商登记信息、税务登记信息、商务部门批准设立信息、企业合同、章程。

②根据报送的资料审核：企业的实际经营范围是否是营业执照所列经营范围，是否符合税法规定的项目；从事能源交通项目的企业，是否直接投资建设并经营能源交通项目，是否包括仅对能源交通项目的承包建筑施工，是否兼营其他一般项目。

③纳税人申请的减免事项（减免方式，减免额度，减免幅度，减免期限）是否符合相关政策规定。

根据审核结果进行审核审批，确定审批结果，将盖章、签署审批意见的《纳税人减免税申请审批表》返还纳税人。

37. 外商投资企业追加投资，税收优惠审批包括哪些内容？

答：（1）概述

从事经国务院批准的《外商投资产业指导目录》中鼓励类项目的外商投资企业，凡符合以下条件之一的，其投资者在原合同以外追加投资项目的所得，可单独计算并享受税法第八条第一款、第二款所规定的企业所得税定期减免优惠：追加投资形成的新增注册资本额达到或超过 6000 万美元的；追加投资形成的新增注册资本额达到或超过 1500 万美元，且达到或超过企业原注册资本 50% 的。

（2）纳税人应提供的资料

1）追加投资项目的可行性研究报告复印件。

2）商务部门对企业追加投资的批准文件复印件。

3）追加投资前、后的工商执照副本复印件。

4）追加投资前、后的验资报告复印件。

5）有关部门出具的鼓励类项目证明文件。

（3）对纳税人的时限要求

资金到位后提出申请。

（4）税务机关承诺时限

提供资料完整、填写内容准确、各项手续齐全，符合受理条件的当场受理，在 2 个工作日内转下一环节；税务机关在 60 个工作日内办结。

（5）办理流程

1）受理环节。

①审核资料是否齐全、合法、有效，《纳税人减免税申请审批表》填写内容是否完整、准确，签章是否齐全。

②审核《纳税人减免税申请审批表》填写内容与附报资料是否相符。

③符合条件的将企业申请信息录入系统，同时制作《文书受理回执单》或《税务文书领取通知单》交纳税人。

④纳税人提交资料不齐全或《纳税人减免税申请审批表》填写内容不符合规定，应当场一次性告知纳税人补正或重新填报。

审核无误后，将纳税人报送的所有资料转下一环节。

2）后续环节。接收上一环节转来的信息资料，主要审核以下内容：

①企业先期投资项目是否属于《外商投资产业指导目录》中的鼓励类项目。

②企业追加投资形成的新增注册资本，是否已经到位且符合规定条件。

③企业的追加投资是否形成新的生产经营项目。

④企业多次追加投资所形成的合并项目，是否与先期投资一并享受过定期减免税优惠。

⑤企业追加投资的项目是否与先期投资项目分别单独核算。

⑥企业申请的减免事项（减免方式，减免额度，减免幅度，减免期限）是否符合相关政策规定。

根据审核结果进行审核审批，确定审批结果，将盖章、签署审批意见的《纳税人减免税申请审批表》返还纳税人。

38. 外国银行贷款利息免征企业所得税吗?

答:(1)概述

外国银行按照优惠利率贷款给中国国家银行及金融机构的利息所得,免征企业所得税,由利息收取人提出申请或书面委托利息支付人提出申请,并附送有关协议、合同等资料,由利息支付人所在地税务机关审核批准,并将审批文件抄报国家税务总局。外国银行直接贷款给我国国有企业及外商投资企业所取得的利息所得应按税法及有关规定征税,对确需给予免征或减征所得税照顾的,除依照国务院有关规定,可以由所在省、市人民政府决定的以外,均应由贷款方或借款方提出减免税申请,经当地税务机关审核后,层报国家税务总局批准。

(2)纳税人应提供的资料

1)贷款方委托借款方办理减免税的委托书;

2)有关贷款协议、合同原件及复印件,以及准确翻译的中文译本复印件。

(3)对纳税人的时限要求

可在相关协议、合同签订后提出申请。

(4)税务机关承诺时限

提供资料完整、填写内容准确、各项手续齐全,符合受理条件的当场受理,在 2 个工作日内转下一环节;税务机关属于所在地税务机关批准的在 20 个工作日内办结,属于国家税务总局批准的在 90 个工作日内办结。

(5)办理流程

1)受理环节。

①审核资料是否齐全、合法、有效,《纳税人减免税申请审批表》填写内容是否完整、准确,签章是否齐全。

②审核《纳税人减免税申请审批表》填写内容与附报资料是否相符。

③符合条件的将企业申请信息录入系统,同时制作《文书受理回执单》或《税务文书领取通知单》交纳税人。

④纳税人提交资料不齐全或《纳税人减免税申请审批表》填写内容不符合规定，应当场一次性告知纳税人补正或重新填报。

审核无误后，将纳税人报送的所有资料转下一环节。

2）后续环节。接收上一环节转来的信息资料，主要审核以下内容：

①调阅以下资料：工商登记信息、税务登记信息。

②根据报送的资料审核：贷款方的贷款利率是否优惠；贷款方或借款方申请免征或减征所得税的理由是否确实。

③纳税人申请的减免事项（减免方式，减免额度，减免幅度，减免期限）是否符合相关政策规定。

根据审核结果进行审核审批，确定审批结果，将盖章、签署审批意见的《纳税人减免税申请审批表》返还纳税人。

39. 适用税收协定免征预提所得税吗？

答：（1）概述

对外国政府或者由其拥有的金融机构从我国取得的利息，凡依照我国与对方国家签订的税收协定应由我国免予征收所得税的，应由纳税人向支付人所在地税务机关提供证明其居民身份的证明，支付人所在地的税务机关依据税收协定的规定审核确认后，通知支付人免予扣缴所得税。

（2）纳税人应提供的资料

1）贷款方所在国税务主管当局出具的该贷款方属于政府拥有的金融机构或其他机构的证明及准确翻译的中文译本（限于税收协定仅原则规定缔约国对方中央银行、政府拥有的金融机构或其他机构从我国取得的利息应在我国免征预提所得税的情况）。

2）贷款方委托代理人申请免征所得税的委托书及准确翻译的中文译本。

3）有关贷款合同副本原件、复印件及准确翻译的中文译本。

（3）对纳税人的时限要求

可在相关贷款协议、合同签署后向利息发生地主管税务机关提出申请。

（4）税务机关承诺时限

提供资料完整、填写内容准确、各项手续齐全，符合受理条件的当场受理，在 2 个工作日内转下一环节；税务机关在 20 个工作日内办结。

（5）办理流程

1）受理环节。

①审核资料是否齐全、合法、有效，《纳税人减免税申请审批表》填写内容是否完整、准确，签章是否齐全。

②审核《纳税人减免税申请审批表》填写内容与附报资料是否相符。

③符合条件的将企业申请信息录入系统，同时制作《文书受理回执单》或《税务文书领取通知单》交纳税人。

④纳税人提交资料不齐全或《纳税人减免税申请审批表》填写内容不符合规定，应当场一次性告知纳税人补正或重新填报。

审核无误后，将纳税人报送的所有资料转下一环节。

2）后续环节。接收上一环节转来的信息资料，主要审核以下内容：

①核对申请免征所得税的贷款方的名称与贷款合同是否一致，是否属于向我国提供贷款的贷款人。

②贷款方所在国税务主管当局出具的该贷款方属于政府拥有的金融机构或其他机构证明是否真实有效。

③纳税人申请的减免事项（减免方式，减免额度，减免幅度，减免期限）是否符合相关政策规定。

根据审核结果进行审核审批，确定审批结果，将盖章、签署审批意见的《纳税人减免税申请审批表》返还纳税人。

40. 分阶段建设、分阶段投产经营，其税收优惠是怎样规定的？

答：（1）概述

对合资经营、合作生产经营企业和外商独资经营企业按批准的合同规定的投资数额（不含追加投资部分），需要分阶段建设、分期投产、经营的，其先建成投产、经营部分和后建成投产、经营部分的投资、费用以及生产经营收入、所得是分别设立账册进行核算，能够明确划分清楚的，经企业向当地税务机关申请，逐级报企业所在省、自治区、直辖市税务局批准，可以分别计算减免税期限。

（2）纳税人应提供的资料

①企业合同、章程原件及复印件。

②各阶段投资的验资报告原件及复印件。

③分别设立账册核算及其核算方法的说明材料。

（3）对纳税人的时限要求

企业分阶段建设、分阶段投产经营后提出申请。

（4）税务机关承诺时限

提供资料完整、填写内容准确、各项手续齐全，符合受理条件的当场受理，在2个工作日内转下一环节；税务机关在60个工作日内办结。

（5）办理流程

1）受理环节。

①审核资料是否齐全、合法、有效，《纳税人减免税申请审批表》填写内容是否完整、准确，签章是否齐全。

②审核《纳税人减免税申请审批表》填写内容与附报资料是否相符。

③符合条件的将企业申请信息录入系统，同时制作《文书受理回执单》或《税务文书领取通知单》交纳税人。

④纳税人提交资料不齐全或《纳税人减免税申请审批表》填写内容不符合规定，应当场一次性告知纳税人补正或重新填报。

审核无误后，将纳税人报送的所有资料转下一环节。

2）后续环节。接收上一环节转来的信息资料，主要审核以下内容：

①调阅以下资料：工商登记信息、税务登记信息、商务部门批准设立信息。

根据纳税人的登记注册信息，审核其是否具有申请该减免税事项的资格。

②根据报送的资料审核：企业的合同、章程是否规定了分阶段建

设、分期投产经营；企业先建成投产、经营部分和后建成投产、经营部分的投资、费用以及生产经营收入、所得是否分别设立账册进行核算，是否能够明确划分清楚；企业各期的投资是否到位；企业申请的减免事项（减免方式，减免额度，减免幅度，减免期限）是否符合相关政策规定。

根据审核结果进行审核审批，确定审批结果，将盖章、签署审批意见的《纳税人减免税申请审批表》返还纳税人。

41. 进行西部大开发符合规定的，可以享受税收优惠吗？

答：（1）概述

在重庆市、四川省、贵州省、云南省、西藏自治区、陕西省、甘肃省、宁夏回族自治区、青海省、新疆维吾尔自治区、内蒙古自治区和广西壮族自治区、新疆生产建设兵团（上述地区以下统称"西部地区"）、湖南省湘西土家族苗族自治州、湖北省恩施土家族苗族自治州、吉林省延边朝鲜族自治州内符合法律法规规定的享受西部大开发税收优惠的企业向税务机关提出申请，经审核批准后，享受税收优惠。

（2）纳税人应提供的资料

有关部门出具的鼓励类项目证明文件。

（3）税务机关承诺时限

提供资料完整、填写内容准确、各项手续齐全，自受理之日起 2 个工作日内转下一环节；税务机关办结时限：县、区级税务机关负责审批的减免税，必须在 20 个工作日内作出审批决定；地市级税务机关负责审批的，必须在 30 个工作日内作出审批决定；省级税务机关负责审批的，必须在 60 个工作日内作出审批决定。在规定期限内不能作出决定的，经本级税务机关负责人批准，可以延长 10 个工作日，并将延长期限的理由告知纳税人。

（4）办理流程

1）受理环节。

①审核纳税人证件资料是否齐全、有效，《纳税人减免税申请审批表》填写是否完整准确，印章是否齐全。

②审核纳税人《纳税人减免税申请审批表》填写内容与附报资料是否一致，原件与复印件是否相符，复印件是否注明"与原件相符"字样并由纳税人签章。

③纸质资料不全或填写不符合规定的，应当场一次性告知纳税人补正或重新填报。

④符合条件的，通过系统正确录入《纳税人减免税申请审批表》信息，同时制作《文书受理回执单》或《税务文书领取通知单》交纳税人。

审核无误后，将纳税人报送的所有资料转下一环节。

2）后续环节。接收上一环节转来的资料，进行案头审核和实地调查审核，主要审核以下内容：

①案头审核。通过系统调阅以下资料：税务登记信息、申报表信息、财务报表信息。

与纳税人提供的《纳税人减免税申请审批表》是否一致等。

②实地审核。在案头审核中，认为需要实地调查的，由税务机关进行实地审核，主要核实纳税人的设立情况、实际生产经营情况、主营业务项目、主营业务收入占总收入的比例是否符合减免税条件。

通过以上审核，确定审批结果，签署审批意见，将签章的《纳税人减免税申请审批表》送达纳税人。

42. 特许权使用费，可以减免预提所得税吗?

答：（1）概述

为科学研究、开发能源、发展交通事业、农林牧业生产以及开发重要技术提供专有技术所取得的特许权使用费，经国务院税务主管部门批准，可以减按10%的税率征收所得税，其中技术先进或者条件优惠的，可以免征所得税。

特许权使用费减征、免征所得税的范围包括：

1）在发展农、林、牧、渔业生产方面提供下列专有技术所收取的使用费：

①改良土壤、草地，开发荒山，以及充分利用自然资源的技术。

②培育动植物新品种和生产高效低毒农药的技术。

③对农、林、牧、渔业进行科学生产管理，保持生态平衡，增强抗御自然灾害能力等方面的技术。

2）为科学院、高等院校以及其他科研机构进行或者合作进行科学研究、科学实验，提供专有技术所收取的使用费。

3）在开发能源、发展交通运输方面提供专有技术所收取的使用费。

4）在节约能源和防治环境污染方面提供的专有技术所收取的使用费。

5）在开发重要科技领域方面提供下列专有技术所收取的使用费：

①重大的先进的机电设备生产技术。

②核能技术。

③大规模集成电路生产技术。

④光集成、微波半导体和微波集成电路生产技术及微波电子管制造技术。

⑤超高速电子计算机和微处理机制造技术。

⑥光导通信技术。

⑦远距离超高压直流输电技术。

⑧煤的液化、气化及综合利用技术。

6）国务院批准的重大项目或列入国家发展计划的重点项目而引进的技术。

（2）纳税人应提供的资料

1）技术转让方减免税委托书。

2）由审批技术引进项目的商务部门出具的减征或免征所得税的建议函。

3）技术转让协议、合同。

4）技术转让协议、合同的批准文件。

（3）对纳税人的时限要求

技术转让协议、合同签订后，技术转让方需要享受特许权使用费减征、免征所得税待遇的，可由技术受让方代技术转让方将有关申请文件及合同资料等报当地税务机关。

（4）税务机关承诺时限

提供资料完整、填写内容准确、各项手续齐全，符合受理条件的当场受理，在2个工作日内转下一环节；税务机关在90个工作日内办结。

（5）办理流程

1）受理环节。

①审核资料是否齐全、合法、有效，《纳税人减免税申请审批表》填写内容是否完整、准确，签章是否齐全。

②审核《纳税人减免税申请审批表》填写内容与附报资料是否相符。

③纳税人提交资料不齐全或《纳税人减免税申请审批表》填写内容不符合规定，应当场一次性告知纳税人补正或重新填报。

④符合条件的将企业申请信息录入系统，同时制作《文书受理回执单》或《税务文书领取通知单》交纳税人。

审核无误后，将纳税人报送的所有资料转下一环节。

2）后续环节。接收上一环节转来的信息资料，主要审核以下内容：

①外商申请减免所得税的特许权使用费是否为科学研究、开发能源、发展交通事业、农林牧业生产以及开发重要技术而提供的专有技术，是否属于为国务院批准的重大项目或列入国家发展计划的重点项目而引进的技术。

②外商提供的专有技术是否符合技术先进、条件优惠的条件。

③是否有外经贸部门出具的减免企业所得税的函。

④纳税人申请的减免事项（减免方式，减免额度，减免幅度，减免期限）是否符合相关政策规定。

根据审核结果进行审核审批，确定审批结果，将盖章、签署审批意见的《纳税人减免税申请审批表》返还纳税人。

43. 从事港口码头建设的中外合资经营企业，其税收优惠的管理包括哪些？

答：（1）概述

从事港口码头建设的中外合资经营企业，经营期在十五年以上的，经企业申请，所在地的省、自治区、直辖市税务机关批准，从开始获利的年度起，第一年至第五年免征企业所得税，第六年至第十年减半征收企业所得税。

（2）纳税人应提供的资料

行业主管部门出具的从事港口码头建设项目的批准证明文件。

（3）对纳税人的时限要求

企业可在正式投产后提出申请。

（4）税务机关承诺时限

提供资料完整、填写内容准确、各项手续齐全，符合受理条件的当场受理，在2个工作日内转下一环节；税务机关在60个工作日内办结。

（5）办理流程

1）受理环节。

①审核资料是否齐全、合法、有效，《纳税人减免税申请审批表》填写内容是否完整、准确，签章是否齐全。

②审核《纳税人减免税申请审批表》填写内容与附报资料是否相符。

③符合条件的将企业申请信息录入系统，同时制作《文书受理回执单》或《税务文书领取通知单》交纳税人。

④纳税人提交资料不齐全或《纳税人减免税申请审批表》填写内容不符合规定，应当场一次性告知纳税人补正或重新填报。

审核无误后，将纳税人报送的所有资料转下一环节。

2）后续环节。接收上一环节转来的信息资料，主要审核以下内容：

①调阅以下资料：工商登记信息、税务登记信息、商务部门批准

设立信息、企业合同、章程。

②根据报送的资料审核：企业是否属于中外合资经营企业；企业的经营期扣除筹建期后是否在 15 年以上；企业的营业执照所限定的经营范围是否属于从事港口码头建设项目；企业是否直接投资建设并经营港口码头项目，不包括仅对该项目的承包建筑设施；企业是否兼营港口码头建设以外的其他一般项目；企业申请的减免事项（减免方式，减免额度，减免幅度，减免期限）是否符合相关政策规定。

根据审核结果进行审核审批，确定审批结果，将盖章、签署审批意见的《纳税人减免税申请审批表》返还纳税人。

44. 经营期未满十年的外商投资企业，免予追缴已减免企业所得税优惠是指什么？

答：(1) 概述

已经享受免征、减征企业所得税优惠待遇的外商投资企业，如果经营期没有达到 10 年而提前解散时，应当补缴已免征、减征的企业所得税税款。但对因自然灾害和意外事故等不可抗力遭受严重损失、无法继续经营而宣告解散的，经省、自治区、直辖市税务局批准，可免予补缴。

(2) 纳税人应提供的资料

有关部门出具的企业因自然灾害等不可抗力遭受严重损失、无法继续经营的证明材料。

(3) 对纳税人的时限要求

企业宣告解散前提出申请。

(4) 税务机关承诺时限

提供资料完整、填写内容准确、各项手续齐全，符合受理条件的当场受理，在 2 个工作日内转下一环节；税务机关在 60 个工作日内办结。

(5) 办理流程

1) 受理环节。

①审核资料是否齐全、合法、有效，《纳税人减免税申请审批表》填写内容是否完整、准确，签章是否齐全。

②审核《纳税人减免税申请审批表》填写内容与附报资料是否相符。

③符合条件的将企业申请信息录入系统，同时制作《文书受理回执单》或《税务文书领取通知单》交纳税人。

④纳税人提交资料不齐全或《纳税人减免税申请审批表》填写内容不符合规定，应当场一次性告知纳税人补正或重新填报。

审核无误后，将纳税人报送的所有资料转下一环节。

2）后续环节。接收上一环节转来的信息资料，主要审核以下内容：

①通过系统调阅以下资料：工商登记信息、税务登记信息、商务部门批准设立信息。

根据企业登记设立信息，审核其实际经营期限。

②企业因自然灾害等不可抗力而遭受严重损失以致无法继续经营的事实是否存在。

③企业申请的减免事项（减免方式，减免额度，减免幅度，减免期限）是否符合相关政策规定。

根据审核结果进行审核审批，确定审批结果，将盖章、签署审批意见的《纳税人减免税申请审批表》返还纳税人。

45. 外资金融机构定期减免税的管理包括哪些？

答：（1）概述

在经济特区和国务院批准的其他地区设立的外资银行、中外合资银行等金融机构，外国投资者投入资本或者分行由总行拨入营运资金超过一千万美元、经营期在十年以上的，经企业申请，当地税务机关批准，从开始获利的年度起，第一年免征企业所得税，第二年和第三年减半征收企业所得税。

（2）纳税人应提供的资料

1）验资报告复印件。

2）银监会的批准证书复印件。

（3）对纳税人的时限要求

企业可在投入资金超过一千万美元后提出申请。

（4）税务机关承诺时限

提供资料完整、填写内容准确、各项手续齐全，符合受理条件的当场受理，在 2 个工作日内转下一环节；税务机关在 20 个工作日内办结。

（5）办理流程

1）受理环节。

①审核资料是否齐全、合法、有效，《纳税人减免税申请审批表》填写内容是否完整、准确，签章是否齐全。

②审核《纳税人减免税申请审批表》填写内容与附报资料是否相符。

③符合条件的将企业申请信息录入系统，同时制作《文书受理回执单》或《税务文书领取通知单》交纳税人。

④纳税人提交资料不齐全或《纳税人减免税申请审批表》填写内容不符合规定，应当场一次性告知纳税人补正或重新填报。

审核无误后，将纳税人报送的所有资料转下一环节。

2）后续环节。接收上一环节转来的信息资料，主要审核以下内容：

①外国投资者投入资本或者分行由总行拨入营运资金是否超过一千万美元。

②扣除筹办期后，企业的生产经营期是否在 10 年以上。

③企业申请的减免事项（减免方式，减免额度，减免幅度，减免期限）是否符合相关政策规定。

根据审核结果进行审核审批，确定审批结果，将盖章、签署审批意见的《纳税人减免税申请审批表》返还纳税人。

46. 生产性外商投资企业，其税收优惠的管理包括哪些？

答：（1）概述

对生产性外商投资企业，经营期在十年以上的，从开始获利的年度起，第一年和第二年免征企业所得税，第三年至第五年减半征收企业所得税，但是属于石油、天然气、稀有金属、贵重金属等资源开采项目的，由国务院另行规定。

（2）纳税人应提供的资料

生产性收入超过全部收入 50%的报表。

（3）对纳税人的时限要求

企业可在实际获利年度开始时提出申请。

（4）税务机关承诺时限

提供资料完整、填写内容准确、各项手续齐全，符合受理条件的当场受理，在 2 个工作日内转下一环节；税务机关在 20 个工作日内办结。

（5）办理流程

1）受理环节。

①审核资料是否齐全、合法、有效，《纳税人减免税申请审批表》填写内容是否完整、准确，签章是否齐全。

②审核《纳税人减免税申请审批表》填写内容与附报资料是否相符。

③符合条件的将企业申请信息录入系统，同时制作《文书受理回执单》或《税务文书领取通知单》交纳税人。

④纳税人提交资料不齐全或《纳税人减免税申请审批表》填写内容不符合规定，应当场一次性告知纳税人补正或重新填报。

审核无误后，将纳税人报送的所有资料转下一环节。

2）后续环节。接收上一环节转来的信息资料，主要审核以下内容：

①企业是否已经税务机关批准具备生产性外商投资企业定期减免税资格。

②企业当年是否兼营非生产性业务，其生产性业务收入是否超过当年度全部业务收入的 50%。

③企业是否按规定弥补以前年度亏损：审查是否超过规定的弥补期限，亏损额的弥补是否准确，以前年度的亏损额有无经审计、检查后调整的情况。

④企业填写的获利年度是否准确。

⑤企业适用的定期减免税期是否准确。

⑥企业存在分别计算定期减免税期限情况的，其不同减免税期限的应纳税所得额计算是否准确，是否符合政策规定的条件。

⑦企业申请的减免事项（减免方式，减免额度，减免幅度，减免期限）是否符合相关政策规定。

根据审核结果进行审核审批，确定审批结果，将盖章、签署审批意见的《纳税人减免税申请审批表》返还纳税人。

47. 对设在中西部地区的外商投资企业，其企业所得税优惠的审批包括哪些？

答：（1）概述

对设在中西部地区的国家鼓励类外商投资企业，在现行税收优惠政策"两免三减半"、"先进技术企业延长三年减半"执行期满后的三年内，可以减按 15%的税率征收企业所得税。

（2）纳税人应提供的资料

有关部门出具的鼓励类项目证明材料。

（3）对纳税人的时限要求

具体申报期限、审核程序和批准权限，由省（自治区、直辖市或计划单列市）级税务主管机关依据有关税收法律、法规和本通知规定，结合各地实际情况制定实施办法。

（4）税务机关承诺时限

提供资料完整、填写内容准确、各项手续齐全，符合受理条件的当场受理，在 2 个工作日内转下一环节；税务机关在 60 个工作日内办结。

（5）办理流程

1）受理环节。

①审核资料是否齐全、合法、有效，《纳税人减免税申请审批表》填写内容是否完整、准确，签章是否齐全。

②审核《纳税人减免税申请审批表》填写内容与附报资料是否

相符。

③符合条件的将企业申请信息录入系统，同时制作《文书受理回执单》或《税务文书领取通知单》交纳税人。

④纳税人提交资料不齐全或《纳税人减免税申请审批表》填写内容不符合规定，应当场一次性告知纳税人补正或重新填报。

审核无误后，将纳税人报送的所有资料转下一环节。

2）后续环节。接收上一环节转来的信息资料，主要审核以下内容：

①调阅以下资料：工商登记信息、企业章程。

根据上述资料信息，审核企业的生产经营地址是否在规定的可执行本项税收优惠政策的相应地区内，企业的实际经营范围是否是营业执照所列经营范围。

②企业投资项目是否属于《外商投资产业指导目录》中的鼓励类项目或国务院批准的优势产业和优势项目。

根据审核结果进行审核审批，确定审批结果，将盖章、签署审批意见的《纳税人减免税申请审批表》返还纳税人。

48. 对外商投资企业固定资产缩短折旧年限，需要审批吗？

答：（1）概述

外商投资企业固定资产由于特殊原因需要缩短折旧年限的，可以由企业提出申请，经当地税务机关审核后，逐级上报国家税务总局批准。

由于特殊原因需要缩短折旧年限的固定资产，包括：受酸、碱等强烈腐蚀的机器设备和常年处于震撼、颤动状态的厂房和建筑物；由于提高使用率，加强使用强度，而常年处于日夜运转状态的机器、设备。

（2）对纳税人的时限要求

购置资产投入使用后一个月内。

（3）税务机关承诺时限

提供资料完整、填写内容准确、各项手续齐全，符合受理条件的当场受理，在 2 个工作日内转下一环节；税务机关在 90 个工作日内办结。

（4）办理流程

1）受理环节。

①审核《固定资产折旧申请审批表》填写内容是否完整、准确，签章是否齐全。

②符合条件的将企业申请信息录入系统，同时制作《文书受理回执单》或《税务文书领取通知单》交纳税人。

③纳税人《固定资产折旧申请审批表》填写内容不符合规定，应当场一次性告知纳税人补正或重新填报。

审核无误后，将纳税人报送的所有资料转下一环节。

2）后续环节。接收上一环节转来的信息资料，主要审核以下内容：

①调阅以下资料：工商登记信息、税务登记信息、商务部门批准设立信息、企业合同、章程。

②根据报送的资料审核：企业提出的固定资产加速折旧的原因是否成立。

根据审核结果进行审核审批，确定审批结果，将盖章、签署审批意见的《固定资产折旧申请审批表》返还纳税人。

49. 开采石油资源的外企开发投资和勘探费用的折旧和摊销年限需要改变和调整的，主要审批哪些内容？

答：（1）概述

从事开采石油资源的企业，可以根据本企业的财务状况，按规定自行确定开发投资和勘探费用的折旧和摊销年限，并将拟订的折旧和摊销年限计划，报主管税务机关备案。备案后，在执行过程中，如需要改变或调整年限的，应当提出申请，报主管税务机关批准后执行。

（2）纳税人应提供的资料

已发生的勘探费和开发费税前列支情况说明。

（3）对纳税人的时限要求

企业需要改变或调整年限前报送。

（4）税务机关承诺时限

提供资料完整、填写内容准确、各项手续齐全，符合受理条件的当场受理，在 2 个工作日内转下一环节；税务机关在 20 个工作日内办结。

（5）办理流程

1）受理环节。

①审核资料是否齐全、合法、有效，《固定资产折旧申请审批表》填写内容是否完整、准确，签章是否齐全。

②审核纳税人《固定资产折旧申请审批表》填写内容与附报资料是否相符。

③符合条件的将企业申请信息录入系统，同时制作《文书受理回执单》或《税务文书领取通知单》交纳税人。

④纳税人提交资料不齐全或《固定资产折旧申请审批表》填写内容不符合规定，应当场一次性告知纳税人补正或重新填报。

审核无误后，将纳税人报送的所有资料转下一环节。

2）后续环节。接收上一环节转来的信息资料，主要审核以下内容：

①企业需要改变或调整年限的理由是否合理；

②企业前期已摊销和未摊销的开发费和勘探费用。

根据审核结果进行审核审批，确定审批结果，将盖章、签署审批意见的《固定资产折旧申请审批表》返还纳税人。

50. 对中外合资、中外合作经营企业可行性研究费用，允许列入开办费吗？

答：（1）概述

中外合资经营企业、中外合作经营企业在其所签订的合资、合作协议、合同被批准之前，合资、合作各方为进行可行性研究而共同发生的费用，经当地税务机关审核同意后，可准予列为企业的筹办费。

（2）纳税人应提供的资料

1）可行性研究项目书。

2）可行性研究费用明细表。

（3）对纳税人的时限要求

企业开始生产经营之日起2个月内报送。

（4）税务机关承诺时限

提供资料完整、填写内容准确、各项手续齐全，符合受理条件的当场受理，在2个工作日内转下一环节；税务机关在20个工作日内办结。

（5）办理流程

1）受理环节。

①审核资料是否齐全、合法、有效，《企业所得税税前列支申请审批表》填写内容是否完整、准确，签章是否齐全。

②审核《企业所得税税前列支申请审批表》填写内容与附报资料是否相符。

③符合条件的将企业申请信息录入系统，同时制作《文书受理回执单》或《税务文书领取通知单》交纳税人。

④纳税人提交资料不齐全或《企业所得税税前列支申请审批表》的填写内容不符合规定，应当场一次性告知纳税人补正或重新填报。

审核无误后，将纳税人报送的所有资料转下一环节。

2）后续环节。接收上一环节转来的信息资料，主要审核以下内容：

①企业是否属于中外合资、中外合作企业。

②企业可行性研究费用是否与投资项目相关，其筹办费是否是筹办期间发生的与企业筹建有关的费用。

根据审核结果进行审核审批，确定审批结果，将盖章、签署审批意见的《企业所得税税前列支申请审批表》返还纳税人。

51. 对从事信贷、租赁业务之外的外商投资企业和外国企业计提坏账准备金，需要审批吗？

答：（1）概述

对从事信贷、租赁业务以外的企业，如确有需要计提坏账准备，可由企业申请，经当地税务机关批准后，按年末应收账款、应收票据等应收款项的余额，计提坏账准备。

（2）纳税人应提供的资料

年末应收账款、应收票据余额情况表。

（3）对纳税人的时限要求

年度所得税申报之前。

（4）税务机关承诺时限

提供资料完整、填写内容准确、各项手续齐全，符合受理条件的当场受理，在 2 个工作日内转下一环节；税务机关在 20 个工作日内办结。

（5）办理流程

1）受理环节。

①审核资料是否齐全、合法、有效，《企业所得税税前列支申请审批表》填写内容是否完整、准确，签章是否齐全。

②审核《企业所得税税前列支申请审批表》填写内容与附报资料是否相符。

③符合条件的将企业申请信息录入系统，同时制作《文书受理回执单》或《税务文书领取通知单》交纳税人。

④纳税人提交资料不齐全或《企业所得税税前列支申请审批表》的填写内容不符合规定，应当场一次性告知纳税人补正或重新填报。

审核无误后，将纳税人报送的所有资料转下一环节。

2）后续环节。接收上一环节转来的信息资料，主要审核以下内容：

①企业申请计提坏账准备金的理由是否真实、充分。

②企业申请计提坏账准备金的范围是否超出政策规定的年末应收账款、应收票据等应收款项的余额范围。

根据审核结果进行审核审批，确定审批结果，将盖章、签署审批意见的《企业所得税税前列支申请审批表》返还纳税人。

52. 经营期不满五年企业筹办费摊销的管理包括哪些?

答:(1)概述

对经营期不满五年的合资经营、合作生产经营企业和外商独资经营企业,其筹办费经当地税务机关审核批准,可以准其按经营期限以直线平均法计算摊销完毕。

(2)对纳税人的时限要求

企业开始生产经营之日起2个月内报送。

(3)税务机关承诺时限

提供资料完整、填写内容准确、各项手续齐全,符合受理条件的当场受理,在2个工作日内转下一环节;税务机关在20个工作日内办结。

(4)办理流程

1)受理环节。

①审核《企业所得税税前列支申请审批表》填写内容是否完整、准确,签章是否齐全。

②符合条件的将企业申请信息录入系统,同时制作《文书受理回执单》或《税务文书领取通知单》交纳税人。

③纳税人《企业所得税税前列支申请审批表》填写内容不符合规定,应当场一次性告知纳税人补正或重新填报。

审核无误后,将纳税人报送的所有资料转下一环节。

2)后续环节。接收上一环节转来的信息资料,主要审核以下内容:

①企业扣除筹建期后的实际生产经营期限是否不超过5年。

②企业的筹办费列支是否准确。

根据审核结果进行审核审批,确定审批结果,将盖章、签署审批意见的《企业所得税税前列支申请审批表》返还纳税人。

53. 外国银行分行对总行管理费摊列的管理包括哪些?

答:(1)概述

在我国境内依法设立的外国银行分行,可以摊列与其生产、经营有关的合理的总行管理费，但应仅限于其总行用于分行经营管理的费用；摊列总行管理费时，应该向主管税务机关提供总行管理费汇集范围、总额及分摊标准或方法等资料，并附有注册会计师的查证报告。同一家外国银行在我国不同地区设立的分行，其分摊总行管理费的标准或方法应一致，且方法或标准一经确定，没有特殊原因，不得随意变动。

凡外国银行分行由其总行的关联银行代为履行管理职能的，由总行出具证明，经主管税务机关审核确认后，外国银行分行可摊列履行总行管理职能的关联银行管理费，但该分行不得再以任何形式重复摊列其总行的管理费。

（2）纳税人应提供的资料

1）外国银行分行由其总行的关联银行代为履行管理职能的，由总行出具的证明。

2）总行管理费汇集范围、总额及分摊标准或方法的文件资料并附注册会计师的查证报告。

（3）对纳税人的时限要求

外国银行分行需摊列总行管理费时提出申请，且方法或标准一经确定，没有特殊原因，今后不得随意变动。

（4）税务机关承诺时限

提供资料完整、填写内容准确、各项手续齐全，符合受理条件的当场受理，在 2 个工作日内转下一环节；税务机关在 20 个工作日内办结。

（5）办理流程

1）受理环节。

①审核资料是否齐全、合法、有效，《企业所得税税前列支申请审批表》填写内容是否完整、准确，签章是否齐全。

②审核《企业所得税税前列支申请审批表》填写内容与附报资料是否相符。

③符合条件的将企业申请信息录入系统，同时制作《文书受理回执单》或《税务文书领取通知单》交纳税人。

④纳税人提交资料不齐全或《企业所得税税前列支申请审批表》填写内容不符合规定，应当场一次性告知纳税人补正或重新填报。

审核无误后，将纳税人报送的所有资料转下一环节。

2）后续环节。接收上一环节转来的信息资料，主要审核以下内容：

①外国银行分行摊列的总行管理费或履行总行管理职能的关联银行管理费的计算是否准确。

②外国银行分行摊列的总行管理费或履行总行管理职能的关联银行管理费，是否与该分行的生产、经营有关。

③总行的关联银行是否确实代为履行总行管理职能。

④外国银行分行摊列履行总行管理职能的关联银行管理费后，是否仍然摊列其总行的管理费。

⑤外国银行分行摊列履行总行管理职能的关联银行管理费，是否符合总行管理费的汇集范围，其总额及分摊标准或方法是否合理。

根据审核结果进行审核审批，确定审批结果，将盖章、签署审批意见的《企业所得税税前列支申请审批表》返还纳税人。

54. 外商投资房地产经营企业支付境外代销、包销房地产劳务费列支的管理包括哪些？

答：（1）概述

从事房地产业务的外商投资企业与境外企业签订房地产代销、包销合同或协议，委托境外企业在境外销售其位于我国境内房地产，并向境外代销、包销企业支付的各项佣金、差价、手续费、提成费等劳务费用，应提供完整、有效的凭证资料，经主管税务机关审核确认后，方可作为外商投资企业的费用列支。但实际列支的数额，不得超过房地产销售收入的10%。

（2）纳税人应提供的资料

1）企业与境外企业签订的代销、包销协议或合同复印件。

2）企业向境外代销、包销企业支付的各项佣金、差价、手续费、提成费等劳务费用凭证资料。

（3）对纳税人的时限要求

年度结束后 2 个月内。

（4）税务机关承诺时限

提供资料完整、填写内容准确、各项手续齐全，符合受理条件的当场受理，在 2 个工作日内转下一环节；税务机关在 20 个工作日内办结。

（5）办理流程

1）受理环节。

①审核资料是否齐全、合法、有效，《企业所得税税前列支申请审批表》填写内容是否完整、准确，签章是否齐全。

②审核《企业所得税税前列支申请审批表》填写内容与附报资料是否相符。

③符合条件的将企业申请信息录入系统，同时制作《文书受理回执单》或《税务文书领取通知单》交纳税人。

④纳税人提交资料不齐全或《企业所得税税前列支申请审批表》填写内容不符合规定，应当场一次性告知纳税人补正或重新填报。

审核无误后，将纳税人报送的所有资料转下一环节。

2）后续环节。接收上一环节转来的信息资料，主要审核以下内容：

①企业与境外企业签订房屋包销协议后是否办理了境内房屋的产权转移手续，且境外企业在销售房屋时是否使用本企业的收款凭证。

②企业向境外企业支付的各项佣金、差价、手续费、提成费等劳务费用，是否有完整、有效的凭证资料，各项付款是否真实有效。

③企业实际在税前列支的劳务费数额是否超过其房地产销售收入的 10%。

根据审核结果进行审核审批，确定审批结果，将盖章、签署审批意见的《企业所得税税前列支申请审批表》返还纳税人。

55. 外商投资企业合并、分立、股权重组业务资产计价的调整方法有哪些？

答：（1）概述

外商投资企业合并、分立、股权重组后企业的各项资产、负债和股东权益，应按合并、分立、股权重组前企业的账面历史成本计价，不得以企业为实现合并、分立、股权重组而对有关资产等项目进行评估的价值调整其原账面价值。凡合并、分立、股权重组后的企业在会计损益核算中，按评估价调整了有关资产账面价值并据此计提折旧或摊销的，应在计算申报年度应纳税所得额时，按下述方法之一进行调整：

1）按实际逐年调整。对因改变资产价值，每一纳税年度通过折旧、摊销等方式实际多计或少计当期成本、费用的数额，在年度纳税申报的成本费用项目中予以调整，相应调增或调减当期应纳税所得额。

2）综合调整。对资产价值变动的数额，不分资产项目，平均分十年，在年度纳税申报的成本、费用项目中予以调整，相应调增或调减每一纳税年度的应纳税所得额。

以上调整方法的选用，由企业申请，报主管税务机关批准。企业在办理年度纳税申报时，应将有关计算资料一并附送主管税务机关审核。

（2）纳税人应提供的资料

1）企业合并、分立、重组的有关合同、协议原件及复印件。

2）企业合并、分立、重组后的账务处理方法。

3）企业合并、分立、重组时的注册会计师的评估报告原件及复印件。

4）企业合并、分立、重组时商务部门的批准文件原件及复印件。

5）企业按照选定的调整方法进行调整的计算资料。

（3）对纳税人的时限要求

企业年度所得税申报时报送。

（4）税务机关承诺时限

提供资料完整、填写内容准确、各项手续齐全，符合受理条件的当场受理，在 2 个工作日内转下一环节；税务机关在 20 个工作日内办结。

（5）办理流程

1）受理环节。

①审核资料是否齐全、合法、有效，《企业所得税税前列支申请审批表》填写内容是否完整、准确，签章是否齐全。

②审核《企业所得税税前列支申请审批表》填写内容与附报资料是否相符。

③符合条件的将企业申请信息录入系统，同时制作《文书受理回执单》或《税务文书领取通知单》交纳税人。

④纳税人提交资料不齐全或《企业所得税税前列支申请审批表》填写内容不符合规定，应当场一次性告知纳税人补正或重新填报。

审核无误后，将纳税人报送的所有资料转下一环节。

2）后续环节。接收上一环节转来的信息资料，主要审核以下内容：

①审核企业合并、分立、重组前后的账务资料，确认其历史成本的真实性。

②审核企业提供的由注册会计师审计的评估报告，确认其评估价值的真实合理性。

根据审核结果进行审核审批，确定审批结果，将盖章、签署审批意见的《企业所得税税前列支申请审批表》返还纳税人。

56. 外商投资性公司对其子公司提供服务收取分摊服务费的税务处理是怎样规定的？

答：（1）概述

外商投资性公司对其子公司提供各项服务，应当按照独立企业之间的业务往来收取价款或费用。外商投资性公司向其多个子公司提供同类服务，其服务收入收费不是采取分项签订合同，明确收费标准，而是采取按提供服务所发生的实际费用确定该项服务总收费额，以比例分摊的方法确定每一子公司应付数额的，分摊比例可以按接受服务的子公司间总投资额、注册资本、销售收入、资产等参数项确定。上述参数项一经确定，不得随意变更。凡特殊情况需要改变的，需报外商投资性公司主管税务机关核准。

（2）对纳税人的时限要求

外商投资性公司需要改变服务费分摊比例参数时提出申请。

（3）税务机关承诺时限

提供资料完整、填写内容准确、各项手续齐全，符合受理条件的当场受理，在 2 个工作日内转下一环节；税务机关在 20 个工作日内办结。

（4）办理流程

1）受理环节。

①审核《企业所得税税前列支申请审批表》填写内容是否完整、准确，签章是否齐全。

②符合条件的将企业申请信息录入系统，同时制作《文书受理回执单》或《税务文书领取通知单》交纳税人。

③纳税人《企业所得税税前列支申请审批表》填写内容不符合规定，应当场一次性告知纳税人补正或重新填报。

审核无误后，将纳税人报送的所有资料转下一环节。

2）后续环节。接收上一环节转来的信息资料，主要审核以下内容：

①企业为其多个子公司提供服务，其服务收入收费是否采取按提供劳务所发生的实际费用确定该项服务总收费额，以比例分摊的方法确定每一子公司应付数额。

②企业变更参数项的原因是否确实成立。

③企业变更后的参数项是否符合企业的实际情况。

根据审核结果进行审核审批，确定审批结果，将盖章、签署审批意见的《企业所得税税前列支申请审批表》返还纳税人。

57. 外商投资房地产开发经营企业进行绿化、道路等配套设施建设费用的预提管理包括哪些?

答:（1）概述

外商投资房地产开发经营企业发生的绿化、道路等配套设施费，有些是在售后继续发生的，可在销售房地产时进行预提。配套设施建设全部结束后，应进行汇算。售后发生的配套设施费预提比例，可由企业提出申请，主管税务机关审核同意后执行。

（2）纳税人应提供的资料

企业进行绿化、道路等配套设施建设的基本规划、预计建设期限以及费用预算等资料。

（3）对纳税人的时限要求

可在企业配套设施建设基本规划确定后提出申请。

（4）税务机关承诺时限

提供资料完整、填写内容准确、各项手续齐全，符合受理条件的当场受理，在 2 个工作日内转下一环节；税务机关在 20 个工作日内办结。

（5）办理流程

1）受理环节。

①审核资料是否齐全、合法、有效，《企业所得税税前列支申请审批表》填写内容是否完整、准确，签章是否齐全。

②审核《企业所得税税前列支申请审批表》填写内容与附报资料是否相符。

③符合条件的将企业申请信息录入系统，同时制作《文书受理回执单》或《税务文书领取通知单》交纳税人。

④纳税人提交资料不齐全或《企业所得税税前列支申请审批表》填写内容不符合规定，应当场一次性告知纳税人补正或重新填报。

审核无误后，将纳税人报送的所有资料转下一环节。

2）后续环节。接收上一环节转来的信息资料，主要审核以下内容：

①企业要求预提的绿化、道路等配套设施费是否确实在房屋销售后继续发生。

②企业申请预提费用的比例是否合理。

根据审核结果进行审核审批，确定审批结果，将盖章、签署审批意见的《企业所得税税前列支申请审批表》返还纳税人。

58. 中国海洋石油总公司油气增值税销售费用扣除核准内容是什么？

答：（1）概述

各油（气）田销售增值税油（气）实物所发生的销售费用指销售过程中实际发生的商检费（包括由卖方负担的商检人员的交通费）和销售机构管理费，应按实际发生的销售费用计算扣除额。允许扣除的销售机构管理费，应是符合现行财务制度实际发生并与销售增值税油（气）实际有关的机构管理费，如在实际操作中确实难以划分，也可以按销售收入比例扣除。有特殊情况需要调整费用扣除项目的必须报经国家税务总局批准。

（2）纳税人应提供的资料

①商品检验费发生明细。

②海洋石油总公司基地集团销售公司管理费发生明细。

（3）税务机关承诺时限

提供资料完整、各项手续齐全，符合受理条件的当场受理，在2个工作日内转下一环节；税务机关20个工作日内办结，需总局审批的在90个工作日内办结。

（4）办理流程

1）受理环节。

①审核资料是否齐全、合法、有效。

②纳税人提交资料不齐全的，应当场一次性告知纳税人补正或重新填报。

③符合条件的出具《文书受理回执单》给纳税人。

审核无误后，将纳税人报送的所有资料转下一环节。

2）后续环节。接收上一环节转来的信息资料，主要审核企业需要调整费用扣除项目的理由是否合理等。

通过以上审核，确定审批结果，签署审批意见，制作《税务事项通知书》送达纳税人。

59. 中外合作海上油（气）田放弃费税务处理的审核内容有哪些？

答：（1）概述

中外合作油（气）田生产结束后，中外石油公司实际发生的油（气）田放弃费净支出（扣除废弃物变价收入），经主管税务机关审核确认，对同一中外方合作者，企业有后续油（气）田收入的，按5至10年平均摊销，后续油（气）收入期限不足5年的，按实际收入期限摊销；对同一中外方合作者，企业没有后续油（气）田收入的，可在油（气）田放弃费发生前的3个年度内，从其应纳税所得额中予以抵扣，已完税的可相应退税。

（2）纳税人应提供的资料

油田废弃方案。

（3）对纳税人的时限要求

油（气）田生产结束后提出申请。

（4）税务机关承诺时限

提供资料完整、填写内容准确、各项手续齐全，符合受理条件的当场受理，在2个工作日内转下一环节；税务机关在20个工作日内办结。

（5）办理流程

1）受理环节。

①审核资料是否齐全、合法、有效，《企业所得税税前列支申请审批表》填写内容是否完整、准确，签章是否齐全。

②审核纳税人《企业所得税税前列支申请审批表》填写内容与附

报资料是否相符。

③符合条件的将企业申请信息录入系统，同时制作《文书受理回执单》或《税务文书领取通知单》交纳税人。

④纳税人提交资料不齐全或《企业所得税税前列支申请审批表》填写内容不符合规定，应当场一次性告知纳税人补正或重新填报。

审核无误后，将纳税人报送的所有资料转下一环节。

2）后续环节。接收上一环节转来的信息资料，主要审核以下内容：

①企业的后续油（气）收入期限。

②对企业没有后续油（气）田收入，需要在油（气）田放弃费发生前的 3 个年度内，从其应纳税所得额中予以抵扣的，审核确认前 3 年的应纳税所得额和已缴纳的税款。

根据审核结果进行审核审批，确定审批结果，将盖章、签署审批意见的《企业所得税税前列支申请审批表》返还纳税人。

60. 企业所得税需要备案管理吗？

答：（1）概述

按照国家税务总局文件规定，对已取消的企业所得税审批项目后续管理的原则是备案、评估、日常检查。备案即对纳税人的部分税前扣除项目，凡扣除事项明确、标准（条件）规范的税前扣除审核、核准事项取消审批制度后，实行备案制度，并按规定报送相关备案资料。

（2）纳税人应提供的资料

纳税人在进行年度纳税申报时应提供以下资料：

1）高新技术企业减免需报备案资料：《高新技术企业资格证书》。

2）汇总成员企业因股权发生变化而变成非全资控股的企业：股权变化的情况说明。

3）固定资产加速折旧需报备案资料：选择采用加速折旧方法和固定资产类别的情况说明。

4）软件企业认定和年审、集成电路设计企业和产品企业：软件企业和集成电路设计企业在申请享受有关税收优惠政策时应附送认定证明材料及有关资料。

　　5）国资委监管企业工效挂钩企业税前扣除工资的管理的企业：附报行使出资者职责的有关部门制订或批准的工效挂钩方案。

　　6）东北老工业基地、天津滨海新区企业固定资产和无形资产缩短折旧（摊销）年限：选择采用加速折旧方法、缩短摊销年限和资产类别的情况说明。

　　7）实行统一计提呆账准备的汇总纳税的金融企业：如由总机构扣除呆账损失的情况说明。

　　（3）办理流程

　　1）受理环节。

　　①备案资料是否齐全、合法、有效，主表及附列资料填写是否完整准确，印章是否齐全。

　　②审核纳税人主表填写内容与附报资料是否一致，原件与复印件是否相符，复印件是否注明"与原件相符"字样并由纳税人签章。

　　③纸质资料不全或者填写有误的，应当场一次性告知纳税人补正或重新填报。

　　将纳税人的申请资料全部转下一环节审核。

　　2）后续环节。接收上一环节转来的信息资料，进行案头审核，主要是对纳税人的申报资料认真进行符合性审核。

　　通过审核，符合条件的则准予备案，将签署意见的《纳税人税务事项备案表》送达纳税人。

61. 外商投资企业所得税需要备案管理吗?

　　答：（1）概述

　　根据国家税务总局对取消外商投资企业和外国企业若干税务行政审批项目的后续管理工作的有关规定，下列项目须向当地主管税务机关备案：职工工资、福利费标准；中外合作经营企业固定资产加速折旧；接受捐赠的大额非货币资产摊入；不组成法人申请统一申报；固定资产采用或改用的折旧方法；外国石油公司在开采油（气）田合同区块之间结转勘探费；大额非货币资产投资收益；改变存货计价方法。

（2）纳税人应提供的资料

1）职工工资、福利费标准备案：所支付的工资、福利标准和所依据的文件等有关资料（首次及发生变化，年度申报时报送）。

2）中外合作经营企业固定资产加速折旧备案：固定资产的购置价格、购置时间、投入使用情况、折旧计提情况的说明。

3）接受捐赠的大额非货币资产摊入备案：对有关收益额及分期结转额的情况的说明。

4）不组成法人申请统一申报备案：公司章程、中外双方决定采取统一申报缴纳企业所得税的有关决议的资料。

5）固定资产采用或改用的折旧方法备案：该固定资产采用或改用的折旧方法、具体年限以及原因的说明资料（购入首个纳税年度申报时报送）。

6）外国石油公司在开采油（气）田合同区块之间结转勘探费备案。

7）大额非货币资产投资收益：外商投资企业非货币资产投资收益额及分期结转额的情况说明。

8）改变存货计价方法备案：改变存货计价方法的书面说明。

（3）对纳税人的时限要求

1）职工工资、福利费标准备案：年度所得税申报时报送，以后年度工资、福利费支付标准未发生变化的，可不重复报送。

2）中外合作经营企业固定资产加速折旧备案：购置资产投入使用后一个月内。

3）接受捐赠的大额非货币资产摊入备案：年度所得税申报时报送。

4）不组成法人申请统一申报备案：企业向税务机关首次报送年度所得税申报表时备案。

5）固定资产采用或改用的折旧方法备案：在固定资产投入使用或改变折旧方法后的首个纳税年度，报送企业年度所得税申报表时备案。

6）外国石油公司在开采油（气）田合同区块之间结转勘探费备案：无法保留原有有关勘探费用账目及凭证，可在终止前期合同的一年内提交备案，能保留的，在其新拥有合同区的生产收入中摊销前备案。

7）大额非货币资产投资收益：年度所得税申报时报送。

8）改变存货计价方法备案：下一纳税年度开始前报送。

（4）税务机关承诺时限

提供资料完整、填写内容准确、各项手续齐全，符合受理条件的当场受理，在 2 个工作日内转下一环节；税务机关在 20 个工作日内办结。

（5）办理流程

1）受理环节。

①审核资料是否齐全、合法、有效，《外商投资企业和外国企业所得税涉税事项备案表》填写内容是否完整、准确，签章是否齐全。

②审核《外商投资企业和外国企业所得税涉税事项备案表》填写内容与附报资料是否相符。

③符合条件的将企业申请信息录入系统，同时制作《文书受理回执单》或《税务文书领取通知单》交纳税人。

④纳税人提交资料不齐全或《外商投资企业和外国企业所得税涉税事项备案表》填写内容不符合规定，应当场一次性告知纳税人补正或重新填报。

审核无误后，将纳税人报送的所有资料转下一环节。

2）后续环节。接收上一环节转来的信息资料，主要审核以下内容：

①职工工资、福利费标准备案审核：职工福利费列支类支出是否超过企业全年职工税前列支工资总额的 14%；企业支付给职工的工资、福利费支付标准和所依据的文件是否合法有效。

②中外合作经营企业固定资产加速折旧备案审核：企业合作年限是否比税法实施细则第三十五条规定的折旧年限短；合作期满后是否归中方所有。

③接受捐赠的大额非货币资产摊入备案审核：企业接受非货币资产捐赠，价格估价是否合理计入有关资产项目；是否在不超过五年的期限内，平均转为企业应纳税所得额计算纳税。

④不组成法人申请统一申报备案审核：合作企业是否确为非法人企业；合作企业有无统一申报缴纳所得税的申请；合作企业是否提供

统一申报缴纳所得税的有关决议；合作企业是否订有公司章程，是否共同经营管理、统一核算、共负盈亏、共同承担投资风险。

⑤固定资产采用或改用的折旧方法备案审核：企业已投入使用固定资产改变折旧方法的原因是否充分；企业新购入固定资产情况是否属实，采用非直线法的原因是否充分；企业是否存在未审核自行改变折旧方法的情况。

⑥外国石油公司在开采油（气）田合同区块之间结转勘探费备案审核：外国石油公司发生的上述勘探费用是否保留原有有关勘探费用账目及凭证；无法保留有关凭证的，外国石油公司是否在终止前期合同的一年内提请主管税务机关在今后新的合同区块中摊销的勘探费用进行预先审计确认。

⑦大额非货币资产投资收益审核：净收益数额是否较大；企业当期纳税是否真有困难。

⑧改变存货计价方法备案审核：企业申请改变存货计价方法的原因及其合理性；企业是否存在未审核自行改变存货计价方法的情况。

根据审核结果进行登记备案。对于数额较大、政策性较强的项目应深入企业实地调查核实。

第五章　证明管理疑难问答

1. 哪些情况下需要开具纳税证明？

答：(1) 概述

纳税人因企业法定代表人或负责人出国、企业参加某些政府部门的采购招标活动、企业参加国家有关部门的评比、总公司需要上市发行股票、纳税人申办蓝印户口以及办理出国定居等事项，有关部门要求纳税人提供其纳税情况的证明。税务机关根据纳税人申请，通过审核确认，对纳税人在一定时期内已缴纳的税款开具纳税证明的一项管理活动。

(2) 纳税人应提供的资料

1) 需查验的资料：持《税务登记证》(副本) 查验。

2) 需报送的资料：

①经办人身份证及复印件。

②其他单位或部门的介绍信。

(3) 税务机关承诺时限

提供资料完整、填写内容准确、各项手续齐全，符合条件的当场办结。

(4) 办理流程

1) 受理审核。

①查验资料。查验纳税人出示的证件是否有效。

②审核。审核证件资料是否齐全、合法、有效；审核原件与复印件是否相符，复印件是否注明"与原件相符"字样并由纳税人签章；

纸质资料不全或填写不符合规定的，应当场一次性告知纳税人补正或重新填报。

2）核准。审核无误的，通过系统开具《纳税证明》，发放纳税人。

2. 哪些人需要开具中国居民身份证明？

答：（1）概述

在华外籍个人和企业根据《中华人民共和国个人所得税法》、《中华人民共和国外商投资企业和外国企业所得税法》和我国对外签订的避免双重征税协定关于居民的判定标准构成中国居民的，应纳税人要求，可按管理权限由县（市）一级国家税务局或地方税务局向其签署填发《中国居民身份证明》（适用于外籍个人和居民）。

对我国居民个人、公司在缔约国对方享受税收协定待遇，需要提交中国居民身份证明的，可由当地县、市级及其以上税务机关签署填发《中国居民身份证明》(适用于执行避免双重征税协定)。

（2）纳税人应提供的资料

1）居民身份证或护照原件及复印件。

2）企业所在国有关当局出具的法人证书（副本）原件及复印件。

3）企业和个人取得收入的有关资料。

（3）税务机关承诺时限

提供资料完整、填写内容准确、各项手续齐全，符合受理条件的当场受理，在2个工作日内转下一环节；税务机关在20个工作日内办结。

（4）办理流程

1）受理环节。

①审核纳税人原件与复印件是否相符，复印件是否注明"与原件相符"字样并由纳税人签章，核对后原件返还纳税人。

②审核资料是否齐全、合法、有效，《中国居民身份证明申请审批表》（适用于中国个人和企业）或《中国居民身份证明申请审批表》(适用于外国个人和企业)填写内容是否完整、准确，签章是否齐全。

③审核《中国居民身份证明申请审批表》(适用于中国个人和企

业）或《中国居民身份证明申请审批表》（适用于外国个人和企业）填写内容与附报资料是否相符。

④符合条件的将企业申请信息录入系统，同时制作《文书受理回执单》或《税务文书领取通知单》交纳税人。

⑤纳税人提交资料不齐全或《中国居民身份证明申请审批表》（适用于中国个人和企业）或《中国居民身份证明申请审批表》（适用于外国个人和企业）的填写内容不符合规定，应当场一次性告知纳税人补正或重新填报。

审核无误后，将纳税人报送的所有资料转下一环节。

2）后续环节。接收上一环节转来的信息资料，调阅其工商登记信息，审核申请人是否符合构成中国居民的标准。

根据审核结果进行审核审批，确定审批结果，将盖章、签署审批意见的《中国居民身份证明申请审批表》（适用于中国个人和企业）或《中国居民身份证明申请审批表》（适用于外国个人和企业）返还纳税人。

3. 什么情况下需要开具外出经营活动税收管理证明?

答：(1) 概述

纳税人到外县（市）临时从事生产经营活动的，应当在外出生产经营之前，持税务登记证向主管税务机关申请开具《外出经营活动税收管理证明》。税务机关按照一地一证的原则，核发《外管证》，《外管证》的有效期限一般为 30 日，最长不得超过 180天。

(2) 纳税人应提供的资料

《税务登记证》（副本）。

(3) 对纳税人的时限要求

纳税人应在外出经营活动前到主管税务机关开具《外出经营活动税收管理证明》。

(4) 税务机关承诺时限

提供的资料完整、填写内容准确、各项手续齐全的，当场办结。

（5）办理流程

1）受理审核。

①查验纳税人出示的证件是否有效。

②《外出经营活动税收管理证明》填写是否完整、逻辑关系是否正确，有关印章是否齐全。

③纸质资料不全或者填写内容不符合规定的，应当场一次性告知纳税人补正或重新填报。

2）核准。审核无误的，核准纳税人的外出经营申请，录入系统，制作《外出经营活动税收管理证明》签章后交付纳税人。

4. 外出经营活动税收管理证明缴销的管理是怎样规定的？

答：（1）概述

纳税人应当在《外出经营活动税收管理证明》有效期届满后 10 日内，持《外出经营活动税收管理证明》回原税务登记地税务机关办理《外出经营活动税收管理证明》缴销手续。

（2）纳税人应提供的资料

《外出经营活动税收管理证明》。

（3）对纳税人的时限要求

外出经营企业在其经营活动结束后，须在 10 日内办理《外出经营活动税收管理证明》的核销手续。

（4）税务机关承诺时限

提供的资料完整、填写内容准确、各项手续齐全的，当场办结。

（5）办理流程

1）受理审核。

①审核纳税人是否在规定时限内办理《外出经营活动税收管理证明》的核销手续，如逾期办理，则进行违法违章处罚。

②纸质资料不全或者填写内容不符合规定的，应当场一次性告知纳税人补正或重新填报。

2）核准。符合条件的依据《外出经营活动税收管理证明》信息，录入货物的名称、数量、单价、金额；还需要录入销售所在地的税务机关、经办人、证明核销人和核销日期；办结核销。

5. 什么是《葡萄酒购货管理证明单》领用管理？

答：（1）概述

境内从事葡萄酒生产的单位或个人（以下简称生产企业）之间销售葡萄酒，实行《葡萄酒购货证明单》（以下简称证明单）管理。生产企业在购货前应向主管税务机关提出领用证明单的书面申请，主管税务机关应对其书面申请进行审核，审核无误后向其发放证明单，同时建立证明单领存销台账。

（2）对纳税人的时限要求

生产企业在采购葡萄酒之前，应向主管税务机关提出领用证明单的书面申请。

（3）税务机关承诺时限

提供资料完整、填写内容准确、各项手续齐全，符合条件的当场办结。

（4）办理流程

1）受理审核。

①从系统中查询是否是葡萄酒消费税纳税人。

②审核《〈葡萄酒购货管理证明单〉领用申请》填写是否完整准确，印章是否齐全，发现问题的应当场一次性告知纳税人补正或重新填报。

2）核准。审核无误的，主管税务机关当场发放《葡萄酒购货证明单》。

6. 什么是《葡萄酒购货管理证明单》核销管理？

答：（1）概述

境内从事葡萄酒生产的单位或个人（简称生产企业）之间销售葡萄酒，实行《葡萄酒购货证明单》（简称证明单）管理。购货方携带主管税务机关发放的《葡萄酒购货证明单》购货，销货方填写证明单后，购货方携带销货方退回的证明单到主管税务机关办理核销证明单领用记录手续。

（2）纳税人应提供的资料

1)《葡萄酒购货证明单》(回执联、退税联、核销联)；

2) 销售方开具的销售发票。

（3）对纳税人的时限要求

购货方在 30 日内将证明单回执联、退税联、核销联及销货方开具的销售发票交主管税务机关核销证明单领用记录。

（4）税务机关承诺时限

提供资料完整、填写内容准确、各项手续齐全，符合条件的当场办结。

（5）办理流程

1) 受理审核。

①审核购货方是否按照规定提供《葡萄酒购货证明单》回执联、退税联、核销联和销货方开具的销售发票。

②审核《葡萄酒购货证明单》回执联、退税联、核销联注明的品种、数量、单价、金额、发票代码、发票号码、开票日期与销货方开具的销售发票相关内容是否一致。

2) 核准。审核无误，证明单与销售发票相关内容一致的，购货方主管税务机关当场办理《葡萄酒购货证明单》核销手续，在证明单核销联"主管税务机关审核意见"栏填写核销意见，并在证明单领销存台账上作核销记录，在证明单回执联、退税联加盖公章，并于 30 日内将回执联、退税联传递给销货方主管税务机关。

7. 准予免税购进出口卷烟证明管理的内容是什么?

答：（1）概述

有出口卷烟经营权的企业通过指定口岸出口国家计划内的卷烟，按现行政策规定免征增值税和消费税，其他非计划内出口的卷烟以及从非指定口岸出口的卷烟，一律不予退（免）税。出口企业出口免税卷烟后，凭有关凭证按月向主管税务机关退税部门申请开具《准予免税购进出口卷烟证明》，并转给卷烟生产企业据此向其主管税务机关征税部门申请办理免税手续。

（2）纳税人应提供的资料

卷烟出口合同（原件及复印件）。

（3）对纳税人的时限要求

有出口卷烟经营权的企业凭有关凭证按月向主管税务机关退税部门申请开具《准予免税购进出口卷烟证明》。

（4）税务机关承诺时限

提供资料完整、填写内容准确、各项手续齐全的，当场办结。

（5）办理流程

1）受理审核。

①审查出口企业提供的证件、资料是否齐全、合法、有效；

②核对出口企业提供的各种资料的复印件内容是否与原件相符，复印件是否注明"与原件相符"字样并由出口企业签章，核对后原件返还纳税人。

③审核《准予免税购进出口卷烟证明申请表》填写是否完整、准确，填写内容与附送证件、资料相关内容是否一致，签字、印章是否齐全。

④审核出口卷烟的商品名称、牌号、数量、金额等是否在计划范围内。

⑤审核免税卷烟是否从指定的海关报关出口，有无转关出口情况。

⑥纸质资料不齐全或者填写内容不符合规定的，应当场一次性告知出口企业补正或重新填报。

2）核准。审核通过的，出具《准予免税购进出口卷烟证明》，签署审核意见，提交审批人签字（或签章）后，加盖公章（或业务专用章），退给申请人。

8. 什么情况下开具红字增值税专用发票通知单？

答：（1）概述

对于一般纳税人在取得增值税专用发票后，发生销货退回、开票有误等情形但不符合作废条件的，或者因销货部分退回及发生销售折让的，购买方应填报《开具红字增值税专用发票申请单》，由购买方主管税务机关审核后，出具《开具红字增值税专用发票通知单》，销货方凭购买方提供的《开具红字增值税专用发票通知单》开具红字发票；对于销货方提出申请的，可由销货方主管税务机关直接根据纳税人填报的《开具红字增值税专用发票申请单》开具《开具红字增值税专用发票通知单》。销货方在防伪税控系统中以销项负数开具，红字专用发票应与《开具红字增值税专用发票通知单》一一对应。税务机关为小规模纳税人代开专用发票需要开具红字专用发票的，比照一般纳税人开具红字专用发票的处理办法，《开具红字增值税专用发票通知单》第二联交代开税务机关。

（2）纳税人应提供的资料

1）因开票有误购买方拒收专用发票的，销售方须提供由购买方出具的写明拒收理由、错误具体项目以及正确内容的书面材料。

2）因开票有误等原因尚未将专用发票交付购买方的，提供由销售方出具的写明具体理由、错误具体项目以及正确内容的书面材料。

（3）对纳税人的时限要求

1）因开票有误购买方拒收专用发票的，销售方须在专用发票认证期限内（自专用发票开具之日起90日）向主管税务机关填报《开具红字增值税专用发票申请单》。

2）因开票有误等原因尚未将专用发票交付购买方的，销售方须在开具有误专用发票的次月内向主管税务机关填报《开具红字增值税专用发票申请单》。

（4）税务机关承诺时限

提供资料完整、填写内容准确、各项手续齐全，符合条件的当场办结。

（5）办理流程

1）受理审核。

①主管税务机关应根据以下情况审核购买方或销售方填报的《开具红字增值税专用发票申请单》以及书面材料：

因专用发票抵扣联、发票联均无法认证的，审核购买方填报的《开具红字增值税专用发票申请单》中填写的具体原因以及相对应的蓝字专用发票信息。

购买方所购货物不属于增值税扣税项目范围，取得的专用发票未经认证的，由购买方填报《开具红字增值税专用发票申请单》中填写的具体原因以及相对应的蓝字专用发票信息。

因开票有误购买方拒收专用发票的，销售方向主管税务机关填报《开具红字增值税专用发票申请单》的，主管税务机关应审核《开具红字增值税专用发票申请单》中销售方填写的具体原因以及相对应的蓝字专用发票信息，同时审核购买方提供的书面材料。

因开票有误等原因尚未将专用发票交付购买方的，销售方向主管税务机关填报《开具红字增值税专用发票申请单》的，主管税务机关应审核《开具红字增值税专用发票申请单》中销售方填写的具体原因以及相对应的蓝字专用发票信息，同时审核销售方提供的书面材料。

②审核发现报送的资料不完整不齐全、存在疑点、未按照规定加盖印章，或者填写内容不符合规定等情况应当场一次性告知纳税人补正。

2）核准。审核无误的，主管税务机关当场出具《开具红字增值税专用发票通知单》，税务机关为小规模纳税人代开专用发票需要开具红字专用发票的，比照一般纳税人开具红字专用发票的处理办法，《开具红字增值税专用发票通知单》第二联交代开税务机关。

9. 对丢失防伪税控系统开具增值税专用发票已抄报税证明单，如何进行管理？

答：（1）概述

增值税一般纳税人丢失已开具增值税专用发票的发票联和抵扣联，由销售方向主管税务机关申请开具《丢失增值税专用发票已报税证明单》，税务机关受理销售方申请后，根据其提供的相应专用发票记账联复印件，开具《丢失增值税专用发票已报税证明单》。

（2）纳税人应提供的资料

购买方出具销售方提供的相应专用发票记账联复印件。

（3）税务机关承诺时限

提供资料完整、填写内容准确、各项手续齐全，符合条件的当场办结。

（4）办理流程

1）受理审核。

①审核《丢失增值税专用发票已报税证明单》填写的是否完整准确。

②审核纳税人提供的相应增值税专用发票记账联复印件与《丢失增值税专用发票已报税证明单》对应内容是否相符，复印件是否注明"与原件相符"字样并由纳税人签章。

③纸质资料不全或填写不符合规定的，应当场一次性告知纳税人补正或重新填报。

2）核准。审核无误的，主管税务机关开具《丢失增值税专用发票已报税证明单》。

10. 对车辆购置税完税证明，怎样进行管理？

答：（1）概述

车辆购置税纳税人完税证明（含免税证明）发生损毁、丢失的，或者车辆发生过户、转籍、变更等情况时，应到所在地车辆购置税主管税务机关申请换（补）发完税证明，主管税务机关经审核无误后，向纳税人核发新的《车辆购置税完税证明》。

（2）纳税人应提供的资料

1）换（补）车辆购置税完税证明的：

①纳税人在办理车辆登记注册前完税证明损毁、丢失的，提供车购税缴税凭证或车购办车辆购置税缴税凭证留存联、车辆合格证明、在《中国税务报》或由省、自治区、直辖市国家税务局指定的公开发行的报刊上刊登的遗失声明。

②车主在办理车辆登记注册后完税证明发生损毁、丢失的，提供

《机动车行驶证》及复印件、在中国税务报或由省、自治区、直辖市国家税务局指定的公开发行的报刊上刊登的遗失声明。

2）车辆变动时：

①车主办理车辆过户手续时，应提供完税证明正本和《机动车行驶证》原件及复印件。

②车主办理车辆转出手续时，应提供公安机关车辆管理机构出具的车辆转出证明材料。

③车主办理车辆转入手续时，应提供转出地主管税务机关核发的完税证明正本、档案转移通知书和档案。

④车主办理车辆变更手续时，应提供完税证明正本和《机动车行驶证》原件及复印件。

（3）对纳税人的时限要求

1）车辆购置税完税证明遗失需补办的，车主应在遗失声明登报之后向主管税务机关申请补办。

2）车辆发生过户、转籍、变更等情况时，车主应在向公安机关车辆管理机构办理车辆变动手续之日起 30 日内，到主管税务机关办理换发完税证明申请。

（4）税务机关承诺时限

提供资料合法完整、填写内容准确、各项手续齐全、审核无误的，当场办结。

（5）办理流程

1）受理审核。

①审核《换（补）车辆购置税完税证明申请表》或《车辆变动情况登记表》填写内容是否完整准确，印章是否齐全。

②审核纳税人报送的资料是否齐全，提供的原件与复印件是否相符，复印件是否注明"与原件相符"字样并由纳税人签章，核对后原件返还纳税人。

③纸质资料不全或填写不符合规定的，应当场一次性告知纳税人补正或重新填报。

2）核准。如果纳税人提交的资料完整，内容填写准确，符合规定条件的，换（补）发车辆购置税完税证明，或者通过系统办理车辆过户、转籍、变更手续，核发车辆购置税完税证明。

11. 怎样理解境外公司企业所得税完税证明？

答：（1）概述

我国境内机构（指公司、企业、机关团体及各种组织等）在办理非贸易及部分资本项目项下购付汇手续时，除须向外汇指定银行（或国家外汇管理局及其分支局）提交原有关法规文件规定的相关凭证外，还须提交税务机关开具的该项收入的完税证明、税票或免税文件等税务凭证。

《境外公司企业所得税完税证明》适用范围：直接在我国境内提供劳务所取得的收入，如建筑、安装、设计、咨询、代理等；没有在我国境内设立机构、场所的外国企业，其来源于我国并按我国税法规定需征税的各项收入，如利息、租金、特许权使用费、财产转让收入等。

（2）纳税人应提供的资料

1）合同或协议复印件。

2）发票或境外机构付汇要求文书复印件。

（3）对纳税人的时限要求

付汇前申请。

（4）税务机关承诺时限

提供资料完整、填写内容准确、各项手续齐全、符合受理条件的当场受理，在 2 个工作日内转下一环节；税务机关在 20 个工作日内办结。

（5）办理流程

1）受理环节。

①审核资料是否齐全、合法、有效，《非贸易及部分资本项目项下售付汇开具税务凭证申请表》填写内容是否完整、准确，签章是否齐全。

②审核《非贸易及部分资本项目项下售付汇开具税务凭证申请表》填写内容与附报资料是否相符。

③符合条件的将企业申请信息录入系统，同时制作《文书受理回执单》或《税务文书领取通知单》交纳税人。

④纳税人提交资料不齐全或《非贸易及部分资本项目项下售付汇开具税务凭证申请表》的填写内容不符合规定，应当场一次性告知纳税人补正或重新填报。

审核无误后，将纳税人报送的所有资料转下一环节。

2）后续环节。接收上一环节转来的信息资料，主要审核以下内容：

①调阅以下资料：扣缴所得税申报表信息、税票信息。

②根据报送的资料审核：申请人需购付汇的项目按现行税法规定是否应征税；应征税的是否已按规定足额申报缴税；合同或协议是否真实有效；发票或境外机构付汇要求文书是否真实有效。

根据审核结果进行审核审批，制作《境外公司企业所得税完税证明》，并加盖公章交纳税人。

12. 什么情况下开具外商投资企业和外国企业所得税纳税情况证明单？

答：（1）概述

我国境内机构（指公司、企业、机关团体及各种组织等）在办理非贸易及部分资本项目项下购付汇手续时，除须向外汇指定银行（或国家外汇管理局及其分支局）提交原有关法规文件规定的相关凭证外，还须提交税务机关开具的该项收入的完税证明、税票或免税文件等税务凭证。

《外商投资企业和外国企业所得税纳税情况证明单》适用范围：企业税后分配的股息。

（2）纳税人应提供的资料

董事会分配股息有关决议复印件。

（3）对纳税人的时限要求

付汇前申请。

（4）税务机关承诺时限

提供资料完整、填写内容准确、各项手续齐全、符合受理条件的当场受理，在 2 个工作日内转下一环节；税务机关在 20 个工作日内办结。

（5）办理流程

1）受理环节。

①审核资料是否齐全、合法、有效，《非贸易及部分资本项目项下售付汇开具税务凭证申请表》填写内容是否完整、准确、签章是否齐全。

②审核《非贸易及部分资本项目项下售付汇开具税务凭证申请表》填写内容与附报资料是否相符。

③符合条件的将企业申请信息录入系统，同时制作《文书受理回执单》或《税务文书领取通知单》交纳税人。

④纳税人提交资料不齐全或《非贸易及部分资本项目项下售付汇开具税务凭证申请表》的填写内容不符合规定，应当场一次性告知纳税人补正或重新填报。

审核无误后，将纳税人报送的所有资料转下一环节。

2）后续环节。接收上一环节转来的信息资料，主要审核以下内容：

①调阅以下资料：当年应缴已缴所得税缴款信息；企业年度所得税汇算清缴申报表；享受所得税优惠政策批文信息。

②根据报送的资料审核：董事会分配股息的有关决议是否真实；实际情况是否与申请情况相一致。

根据审核结果进行审核审批，制作《外商投资企业和外国企业所得税纳税情况证明单》，并加盖公章交给纳税人。

13. 如何正确使用特许权使用费、利息免税所得汇出数额控制表？

答：（1）概述

我国境内机构在办理非贸易及部分资本项目项下购付汇手续时，

除须向外汇指定银行（或国家外汇管理局及其分支局）提交原有关法规文件规定的相关凭证外，还须提交税务机关开具的该项收入的完税证明、税票或免税文件等税务凭证。

《特许权使用费、利息免税所得汇出数额控制表》适用范围：

1）外国企业为我国科学研究、开发能源、发展交通事业、农林牧生产以及开发重要技术等提供专有技术所取得的特许权使用费。

2）境内中资金融机构、企业在境外发行债券，对境外债券持有人所支付的债券利息。

3）外国政府或其所拥有的金融机构，或我国与对方国家所签订的税收协定中所指定的银行、公司，其贷款给我国境内机构所取得的利息。

4）境外银行按照优惠利率贷款给我国国家银行及金融机构取得的利息。

5）我国境内机构购进技术、设备、商品，由外国银行提供卖方信贷，我方按不高于对方国家买方信贷利率支付的延期付款利息。

6）我国境内机构从境外企业购进技术、设备，其价款的本息全部以产品返销或交付产品等供货方式偿还，或者用来料加工装配工缴费抵付，而由境外企业取得的利息。

7）境外租赁公司，以融资租赁方式向我国境内用户提供设备所收取的租金，其中所包含的利息，凡贷款利率不高于出租方国家出口信贷利率。

（2）纳税人应提供的资料

1）合同或协议复印件。

2）国家税务总局相关免税文件。

3）发票或境外机构付汇要求文书复印件。

（3）对纳税人的时限要求

付汇前申请。

（4）税务机关承诺时限

提供资料完整、填写内容准确、各项手续齐全，符合受理条件的当场受理，在 2 个工作日内转下一环节；税务机关在 20 个工作日内办结。

（5）办理流程

1）受理环节。

①审核资料是否齐全、合法、有效，《非贸易及部分资本项目项下售付汇开具税务凭证申请表》填写内容是否完整、准确，签章是否齐全。

②审核《非贸易及部分资本项目项下售付汇开具税务凭证申请表》填写内容与附报资料是否相符。

③符合条件的将企业申请信息录入系统，同时制作《文书受理回执单》或《税务文书领取通知单》交纳税人。

④纳税人提交资料不齐全或《非贸易及部分资本项目项下售付汇开具税务凭证申请表》的填写内容不符合规定，应当场一次性告知纳税人补正或重新填报。

审核无误后，将纳税人报送的所有资料转下一环节。

2）后续环节。接收上一环节转来的信息资料，主要审核以下内容：

①按现行税法规定可以减免税的，是否已按现行税法规定报经有关机关审批。

②涉及支付项目的活动是否真实，实际情况是否与申请情况相一致。

③应征税的是否已按规定足额申报缴税。

根据审核结果进行审核审批，制作《特许权使用费、利息免税所得汇出数额控制表》，并加盖公章交纳税人。

14. 如何开具外国公司船舶运输收入免征企业所得税证明？

答：（1）概述

按照我国同其他国家缔结的避免双重征税协定、互免海运企业国际运输收入协定、海运协定以及其他有关协议或者换文，纳税人可以享受减税或者免税待遇的，须自行或委托其扣缴义务人向当地主管国家税务局填报《中华人民共和国国家税务总局外国公司船舶运输收入免征企业所得税证明表》，并采取一站审核程序，申请人可以选择业务发生地之一的主管外商投资企业所得税的地市国家税务局作为其办理免税证明的一站审核税务机关。扣缴义务人在国际贸易出口项下向纳税人支付运费时，提供免税证明表及其他相关资料，经外汇指定银行真实性审核后，直接从其有关外汇账户向境外支付。

（2）纳税人应提供的资料

1）合同或协议复印件。

2）外国公司居民身份证明。

3）委托书（原件）和境内受托方单位工商营业执照副本复印件。

4）境外船运公司发票和提单。

（3）对纳税人的时限要求

外国公司以船舶经营国际运输从中国取得所得申请享受协定免征所得税待遇时申请。

（4）税务机关承诺时限

提供证件和资料完整、填写内容准确、各项手续齐全，符合受理条件的当场受理，在2个工作日内转下一环节；税务机关在20个工作日内办结。

（5）办理流程

1）受理环节。

①审核证件和资料是否齐全、合法、有效，《外国公司船舶运输收入免征企业所得税证明表》填写内容是否完整、准确，签章是否齐全。

②审核《外国公司船舶运输收入免征企业所得税证明表》填写内容与附报资料是否相符。

③符合条件的将企业申请信息录入系统，同时制作《文书受理回执单》或《税务文书领取通知单》交纳税人。

④纳税人提交资料不齐全或《外国公司船舶运输收入免征企业所得税证明表》的填写内容不符合规定，应当场一次性告知纳税人补正或重新填报。

审核无误后，将纳税人报送的所有资料转下一环节。

2）后续环节。接收上一环节转来的信息资料，主要审核以下内容：

①来自与我国签有税收协定国家的企业，符合协定规定免予征收企业所得税的，是否出具免税文件。

②涉及支付项目的活动是否真实，实际情况是否与申请情况相一致。

根据审核结果进行审核审批，确定审批结果，将盖章、签署审批意见的《外国公司船舶运输收入免征企业所得税证明表》返还纳税人。

15. 按照税收协定和税法有关规定不予征税、免税证明单的适用范围有哪些?

答：(1) 概述

我国境内机构在办理非贸易及部分资本项目项下购付汇手续时，除须向外汇指定银行（或国家外汇管理局及其分支局）提交原有关法规文件规定的相关凭证外，还须提交税务机关开具的该项收入的完税证明、税票或免税文件等税务凭证。

《按照税收协定和税法有关规定不予征税、免税证明单》适用范围：按照国际税收协定和税法有关规定不予征税或免税的项目收入，如外国企业直接在我国境内提供劳务所取得的收入，但按照国际税收协定可免予征收企业所得税的。

(2) 纳税人应提供的资料

1）税务机关相关免税文件复印件。

2）合同、协议或其他能够证明双方权利义务的书面资料等复印件。

3）发票或境外机构付汇要求文书复印件。

4）居民身份证明、境外人员来华工作说明。

(3) 对纳税人的时限要求

付汇前申请。

(4) 税务机关承诺时限

提供证件和资料完整、填写内容准确、各项手续齐全，符合受理条件的当场受理，在 2 个工作日内转下一环节；税务机关在 20 个工作日内办结。

（5）办理流程

1）受理环节。

①审核证件和资料是否齐全、合法、有效，《非贸易及部分资本项目项下售付汇开具税务凭证申请表》填写内容是否完整、准确，签章是否齐全。

②审核《非贸易及部分资本项目项下售付汇开具税务凭证申请表》填写内容与附报资料是否相符。

③符合条件的将企业申请信息录入系统，同时制作《文书受理回执单》或《税务文书领取通知单》交纳税人。

④纳税人提交资料不齐全或《非贸易及部分资本项目项下售付汇开具税务凭证申请表》的填写内容不符合规定，应当场一次性告知纳税人补正或重新填报。

审核无误后，将纳税人报送的所有资料转下一环节。

2）后续环节。接收上一环节转来的信息资料，主要审核以下内容：

1）对出具不征税凭证的申请，情况是否真实，是否符合国家税法规定及税收协定及安排的规定。

2）按现行税法规定可以减免税的，是否已按现行税法规定报经有关机关审批。

根据审核结果进行审核审批，制作《按照税收协定和税法有关规定不予征税、免税证明单》，并加盖公章交纳税人。

16. 境外劳务费用不予征税确认证明的适用范围有哪些？

答：（1）概述

我国境内机构在办理非贸易及部分资本项目项下购付汇手续时，除须向外汇指定银行（或国家外汇管理局及其分支局）提交原有关法规文件规定的相关凭证外，还须提交税务机关开具的该项收入的完税证明、税票或免税文件等税务凭证。

《境外劳务费用不予征税确认证明》适用范围：发生在我国境外的各种劳务费、服务费、佣金费、手续费，如广告费、维修费、设计费、咨询费、代理费、培训费等，按照我国现行税法规定不征税。

（2）纳税人应提供的资料

1）合同或协议复印件。

2）发票或境外机构付汇要求文书复印件。

（3）对纳税人的时限要求

付汇前申请。

（4）税务机关承诺时限

提供资料完整、填写内容准确、各项手续齐全，符合受理条件的当场受理，在2个工作日内转下一环节；税务机关在20个工作日内办结。

（5）办理流程

1）受理环节。

①审核资料是否齐全、合法、有效，《非贸易及部分资本项目项下售付汇开具税务凭证申请表》填写内容是否完整、准确，签章是否齐全。

②审核《非贸易及部分资本项目项下售付汇开具税务凭证申请表》填写内容与附报资料是否相符。

③符合条件的将企业申请信息录入系统，同时制作《文书受理回执单》或《税务文书领取通知单》交纳税人。

④纳税人提交资料不齐全或《非贸易及部分资本项目项下售付汇开具税务凭证申请表》的填写内容不符合规定，应当场一次性告知纳税人补正或重新填报。

审核无误后，将纳税人报送的所有资料转下一环节。

2）后续环节。接收上一环节转来的信息资料，主要审核申请不征税的境外劳务情况是否真实，是否符合国家税法规定。

根据审核结果进行审核审批，制作《境外劳务费用不予征税确认证明》，并加盖公章交纳税人。

17. 来料加工贸易免税证明的用途有哪些？

答：（1）概述

开展来料加工贸易业务的出口企业，免税进口原材料、零部件后，凭海关核签的有关凭证向主管税务机关退税部门申请出具《来料加工贸易免税证明》，据此向主管税务机关征税部门申报办理免征其加工货物或委托加工货物工缴费的增值税、消费税。

（2）纳税人应提供的资料

1）来料加工进口货物报关单（原件及复印件）。

2）来料加工登记手册（原件及复印件）。

3）委托加工合同或工缴费普通发票（委托加工的提供）。

4）载有《来料加工贸易免税证明申请表》有关信息的电子数据。

（3）对纳税人的时限要求

开展"来料加工"业务的出口企业，料件进口以后，如果是自行加工的，在进口料件登记入账后即可向主管税务机关退税部门申请办理《来料加工贸易免税证明》；如果是委托其他企业加工的，在进口料件调拨时，向主管税务机关退税部门申请办理《来料加工贸易免税证明》，并将此证明转交受托加工企业，由受托企业凭此证明向其主管税务机关征税部门申报办理工缴费的免税手续。

（4）税务机关承诺时限

提供资料完整、填写内容准确、各项手续齐全的，当场办结。

（5）办理流程

1）受理审核。

①审查出口企业提供的证件、资料是否齐全、合法、有效。

②核对出口企业提供的各种资料的复印件内容是否与原件相符，复印件是否注明"与原件相符"字样并由出口企业签章，核对后原件返还纳税人。

③审核《来料加工贸易免税证明申请表》填写是否完整、准确，填写内容与附送证件、资料相关内容是否一致，签字、印章是否齐全。

④纸质资料不齐全或者填写内容不符合规定的，应当场一次性告知出口企业补正或重新填报。

⑤纸质资料符合要求的，将《来料加工贸易免税证明申请表》有关信息准确录入（或读入）出口退税审核系统审核。

2）核准。审核通过的，打印《来料加工贸易免税证明》，签署审核意见，提交审批人签字（或签章）后，加盖公章（或业务专用章），退给申请人。

18. 什么是补办出口货物报关单证明？

答：（1）概述

出口企业遗失出口货物报关单（出口退税专用）需向海关申请补办的，可向主管税务机关退税部门申请出具《补办出口货物报关单证明》（根据出口退税管理系统生成），再据此向海关申请补办。

（2）纳税人应提供的资料

1）出口货物报关单（其他未丢失联次原件及复印件）。

2）出口收汇核销单（出口退税专用联原件及复印件）。

3）出口发票复印件。

4）如出口企业无法提供要求提供的"出口货物报关单"和"出口收汇核销单"其他未丢失的联次，应提供通过电子口岸打印出的丢失的出口报关单和核销单信息。

5）载有关于申请出具《补办出口货物报关单证明的报告》有关信息的电子数据。

（3）对纳税人的时限要求

出口企业应在自货物报关出口之日起 90 日内向主管税务机关退税部门申请出具《补办出口货物报关单证明》。

（4）税务机关承诺时限

提供资料完整、填写内容准确、各项手续齐全的，当场办结。

（5）办理流程

1）受理审核。

①审查出口企业提供的证件、资料是否齐全、合法、有效。

②核对出口企业提供的各种资料的复印件内容是否与原件相符，复印件是否注明"与原件相符"字样并由出口企业签章，核对后原件返还纳税人。

③审核《关于申请出具（补办出口货物报关单证明）的报告》填写是否完整、准确，填写内容与附送证件、资料相关内容是否一致，

签字、印章是否齐全。

④纸质资料不齐全或者填写内容不符合规定的，应当场一次性告知出口企业补正或重新填报。

⑤纸质资料符合要求的，将《关于申请出具（补办出口货物报关单证明）的报告》有关信息准确录入（或读入）出口退税审核系统审核。

2）核准。审核通过的，打印《补办出口货物报关单证明》，签署审核意见，提交审批人签字（或签章）后，加盖公章（或业务专用章），退给申请人。

19. 生产企业进料加工贸易，需要登记备案吗？

答：（1）概述

从事进料加工业务的生产企业，应于取得海关核发的《进料加工登记手册》后的下一个增值税纳税申报期内向主管税务机关退税部门办理进料加工业务登记备案手续。

（2）纳税人应提供的资料

1）《进料加工登记手册》（原件及复印件）。

2）《进料加工贸易合同》（原件及复印件）。

3）载有《生产企业进料加工登记申报表》有关信息的电子数据。

（3）对纳税人的时限要求

取得海关核发的《进料加工登记手册》后的下一个增值税纳税申报期内。

（4）税务机关承诺时限

提供资料完整、填写内容准确、各项手续齐全的，当场办结。

（5）办理流程

1）受理审核。

①审查出口企业提供的证件、资料是否齐全、合法、有效。

②核对出口企业提供的各种资料的复印件内容是否与原件相符，复印件是否注明"与原件相符"字样并由出口企业签章，核对后原件返还纳税人。

③审核《生产企业进料加工登记申报表》填写是否完整、准确，填写内容与附送证件、资料相关内容是否一致，签字、印章是否齐全。

④纸质资料不齐全或者填写内容不符合规定的，应当场一次性告知出口企业补正或重新填报。

⑤纸质资料符合要求的，将《生产企业进料加工登记申报表》有关信息准确录入（或读入）出口退税审核系统登记备案。

2）核准。在《生产企业进料加工登记申报表》上签署审核意见，提交审批人签字（或签章）后，加盖公章（或业务专用章），退给申请人。

20. 出口货物退运已办结税务证明的管理是怎样规定的？

答：（1）概述

生产企业在出口货物报关离境，因故发生退运，且海关已签发出口货物报关单（出口退税专用）的，须凭主管税务机关退税部门申请出具的《出口货物退运已办结税务证明》（根据出口退税管理系统生成），向海关申请办理退运手续。

（2）纳税人应提供的资料

1）出口货物报关单（出口退税专用）原件及复印件。

2）出口收汇核销单（出口退税专用）原件及复印件（未收汇核销的以及试行免予提供纸质出口收汇核销单的出口企业不需提供）。

3）出口发票复印件。

4）载有《关于申请出具（出口货物退运已办结税务证明）的报告》有关信息的电子数据。

（3）对纳税人的时限要求

生产企业在向海关办理出口货物退运手续前，向主管税务机关退税部门申请出具《出口货物退运已办结税务证明》。

（4）税务机关承诺时限

提供资料完整、填写内容准确、各项手续齐全的，当场办结。

（5）办理流程

1）受理审核。

①审查出口企业提供的资料是否齐全、合法、有效。

②核对出口企业提供的各种资料的复印件内容是否与原件相符，复印件是否注明"与原件相符"字样并由出口企业签章，核对后原件返还纳税人。

③审核《关于申请出具（出口货物退运已办结税务证明）的报告》填写是否完整、准确，是否与提供的报关单、核销单、出口发票上相关内容一致，签字、印章是否齐全。

④审核已退税额、应补回已退税款等计算是否准确。

⑤对需要补税的，通过系统查阅是否已结清应补缴的税款。

⑥纸质资料不齐全或者填写内容不符合规定的，以及应补缴的税款未结清的，应当场一次性告知出口企业补正或重新填报。

⑦纸质资料符合要求的，将《关于申请出具（出口货物退运已办结税务证明）的报告》有关信息准确录入（或读入）出口退税审核系统审核。

2）核准。审核通过的，打印《出口货物退运已办结税务证明》，签署审核意见，提交审批人签字（或签章）后，加盖公章（或业务专用章），退1份给申请人。同时在其出口货物报关单原件上注明退运货物的代码及退运数量，并签署办理时间及经办人姓名。

21. 补办出口收汇核销单证明的管理是怎样规定的？

答：（1）概述

出口企业已办理收汇核销手续，因故遗失出口收汇核销单（出口退税专用）需向主管外汇管理局申请补办的，可向主管税务机关退税部门申请出具《补办出口收汇核销单证明》（根据出口退税管理系统生成），据此向外汇管理局申请补办出口收汇核销单。

（2）纳税人应提供的资料

1）出口货物报关单（出口退税专用）原件及复印件。

2）出口收汇核销单（其他未丢失的联次原件和复印件）。

3）出口发票复印件。

4）如出口企业无法提供要求提供的"出口货物报关单"和"出口

收汇核销单"其他未丢失的联次，应提供通过电子口岸打印出的丢失的出口报关单和核销单信息。

5）载有《关于申请出具（补办出口收汇核销单证明）的报告》有关信息的电子数据。

（3）对纳税人的时限要求

出口企业须自货物报关出口之日起 180 日内向主管税务机关退税部门申请出具《补办出口收汇核销单证明》。

对于存在《国家税务总局关于出口货物退（免）税管理有关问题的通知》（国税发〔2004〕64 号）第二条规定情形之一的，出口企业须自货物报关出口之日起 90 日内向主管税务机关退税部门申请出具《补办出口收汇核销单证明》。经税务机关核准同意延期申报的在核准的延期申报期限内申请补办。

远期收汇的，出口企业需在超过预计收汇日期的 30 天内向主管税务机关退税部门申请出具《补办出口收汇核销单证明》。

（4）税务机关承诺时限

提供资料完整、填写内容准确、各项手续齐全的，当场办结。

（5）办理流程

1）受理审核。

①审查出口企业提供的资料是否齐全、合法、有效。

②核对出口企业提供的各种资料的复印件内容是否与原件相符，复印件是否注明"与原件相符"字样并由出口企业签章。

③审核《关于申请出具（补办出口收汇核销单证明）的报告》填写是否完整、准确，填写内容与附送证件、资料相关内容是否一致，签字、印章是否齐全，核对后原件返还纳税人。

④纸质资料不齐全或者填写内容不符合规定的，应当场一次性告知出口企业补正或重新填报。

⑤纸质资料符合要求的，将《关于申请出具（补办出口收汇核销单证明）的报告》有关信息准确录入（或读入）出口退税审核系统审核。

2）核准。审核通过的，打印《补办出口收汇核销单证明》，签署审核意见，提交审批人签字（或签章）后，加盖公章（或业务专用章)，退给申请人。

22. 怎样理解出口货物转内销证明的管理？

答：（1）概述

出口企业已报关出口的货物发生退关退运并已补税需要转内销的，同一份增值税专用发票中的购进货物部分出口部分内销的，审核不予退税的，以及出口货物视同内销补税且原对应的增值税专用发票超过期限无法进行进项抵扣的，可持相关资料到主管税务机关退税部门申请办理《出口货物转内销证明》（根据出口退税管理系统生成），主管税务机关征税部门凭该批货物的《出口货物转内销证明》予以办理进项税额抵扣，冲减当期应纳税额。

（2）纳税人应提供的资料

1）出口货物退运已补税证明。

2）增值税专用发票（抵扣联）或复印件和分批单。

3）载有《出口货物转内销证明申请表》有关信息的电子数据。

（3）税务机关承诺时限

提供资料完整、填写内容准确、各项手续齐全的，当场办结。

（4）办理流程

1）受理审核。

①审查出口企业提供的证件、资料是否齐全、合法、有效。

②核对出口企业提供的各种资料的复印件内容是否与原件相符，复印件是否注明"与原件相符"字样并由出口企业签章，核对后原件返还纳税人。

③审核《出口货物转内销证明申请表》填写是否完整、准确，填写内容与增值税专用发票、出口货物退运已补税证明等资料相关内容是否一致，增值税发票上有多行购进货物信息的是否按行填列，签字、印章是否齐全。

④审核可抵扣税额计算是否准确。

⑤纸质资料不齐全或者填写内容不符合规定的，应当场一次性告知出口企业补正或重新填报。

⑥纸质资料符合要求的，将《出口货物转内销证明申请表》有关信息准确录入（或读入）出口退税审核系统审核。

2）核准。审核通过的，打印《出口货物转内销证明》，签署审核意见，提交审批人签字（或签章）后，加盖公章（或业务专用章），退给申请人。

23. 出口商品退运已补税证明管理的内容有哪些？

答：（1）概述

外贸企业货物报关出口后因故发生退关退运情况，凡海关已经签发出口货物报关单的，外贸企业须向主管税务机关退税部门申请出具《出口商品退运已补税证明》，凭此证明向海关申请办理出口货物退关退运手续。

（2）纳税人应提供的资料

1）出口货物报关单（出口退税专用）原件及复印件（已申报退税的提供复印件）。

2）出口收汇核销单（出口退税专用）原件及复印件（准予在180天内提交出口收汇核销单的，可在规定的时间内提交）或远期收汇证明（进行外汇管理改革的试点地区企业申报时不需提供纸质核销单）。

3）税收通用缴款书（已补税的提供）。

4）出口发票复印件。

5）载有《关于申请出具出口商品退运已补税证明的报告》有关信息的电子数据。

（3）对纳税人的时限要求

外贸企业在向海关办理货物退运手续前，向主管税务机关退税部门申请出具"出口商品退运已补税证明"。

（4）税务机关承诺时限

提供资料完整、填写内容准确、各项手续齐全的，当场办结。

（5）办理流程

1）受理审核。

①审查出口企业提供的证件、资料是否齐全、合法、有效。

②核对出口企业提供的各种资料的复印件内容是否与原件相符，复印件是否注明"与原件相符"字样并由出口企业签章，核对后原件返还纳税人。

③审核《关于申请出具出口商品退运已补税证明的报告》填写是否完整、准确，是否与提供的报关单、核销单、出口发票上相关内容一致，签字、印章是否齐全。

④审核已退税额、应补税款等计算是否准确。

⑤对需要补税的，通过系统查阅是否已结清应补缴的税款。

⑥纸质资料不齐全或者填写内容不符合规定的，以及应补缴的税款未结清的，应当场一次性告知出口企业补正或重新填报。

⑦纸质资料符合要求的，将《关于申请出具出口商品退运已补税证明的报告》有关信息准确录入（或读入）出口退税审核系统审核。

2）核准。审核通过的，打印《出口商品退运已补税证明》，签署审核意见，提交审批人签字（或签章）后，加盖公章（或业务专用章），退给申请人。同时在其出口货物报关单原件上注明退运货物的代码及退运数量，并签署办理时间及经办人姓名。

24. 外贸企业进料加工贸易免税证明的管理是怎样规定的？

答：（1）概述

外贸企业以进料加工贸易方式减免税进口料件作价销售给生产企业加工时，应填具《进料加工贸易申请表》，报经主管税务机关退税部门审核并出具《进料加工贸易免税证明》，再将此证明报主管税务机关征税部门，并据此在开具增值税专用发票时可按规定税率计算注明销售料件的税额，主管外贸企业征税的税务机关对这部分销售料件的发票上所注明的应缴税额不计征入库，而由主管退税的税务机关在外贸企业办理出口退税时在应退税额中扣减。

（2）纳税人应提供的资料

1）进口合同原件和复印件。

2）进口料件进口报关单原件及复印件。

3）《进料加工登记手册》及复印件。

4）海关代征进口料件增值税完税凭证原件和复印件。

5）销售进口料件的增值税专用发票原件和复印件。

6）载有《外贸企业进料加工贸易申请表》有关信息的电子数据。

（3）对纳税人的时限要求

外贸企业应在于进口料件作价调拨给加工企业并开具增值税专有发票的当月，向主管税务机关退税部门申请办理《外贸企业进料加工贸易免税证明》。

（4）税务机关承诺时限

提供资料完整、填写内容准确、各项手续齐全的，当场办结。

（5）办理流程

1）受理审核。

①审查出口企业提供的证件、资料是否齐全、合法、有效。

②核对出口企业提供的各种资料的复印件内容是否与原件相符，复印件是否注明"与原件相符"字样并由出口企业签章，核对后原件返还纳税人。

③审核《外贸企业进料加工贸易申请表》填写是否完整、准确，填写内容与附送证件、资料相关内容是否一致，签字、印章是否齐全。

④审核销售进口料件的增值税专用发票的号码、品名、金额、税额等有关内容与外贸企业填报的《外贸企业进料加工贸易申请表》上对应项目的内容是否一致。

⑤审核外贸企业填报的复出口商品代码及其退税率是否正确。

⑥纸质资料不齐全或者填写内容不符合规定的，应当场一次性告知出口企业补正或重新填报。

⑦纸质资料符合要求的，将《外贸企业进料加工贸易申请表》有关信息准确录入（或读入）出口退税审核系统审核。

2）核准。审核通过的，打印《外贸企业进料加工贸易免税证明》，签署审核意见，提交审批人签字（或签章）后，加盖公章（或业务专用章），退给申请人。

25. 什么是代理出口货物证明管理?

答：（1）概述

出口企业发生代理出口业务的，须由受托方向其主管税务机关退税部门申请开具代理出口货物证明，并由受托方转给委托方，委托方凭代理出口证明等凭证向其主管税务机关退税部门申报办理出口货物退（免）税手续。出口企业未在规定期限内申报开具《代理出口货物证明》的出口货物，视同内销货物计提销项税额或征收增值税。

（2）纳税人应提供的资料

1）出口货物报关单（出口退税专用）原件及复印件。

2）出口收汇核销单（出口退税专用）原件及复印件（代理出口企业须在货物报关之日起180天内，向签发代理出口证明的税务机关提供出口收汇核销单〈远期收汇除外〉），协议规定由委托方收汇核销的除外。

3）出口发票复印件。

4）代理出口协议（合同）原件、复印件。

5）委托方税务登记证复印件。

6）载有《代理出口货物证明申请表》有关信息的电子数据。

（3）对纳税人的时限要求

出口企业代理其他企业出口后，须在自货物报关出口之日起60天内向主管税务机关退税部门申请开具"代理出口货物证明"。如因资料不齐等特殊原因，经地市及以上税务机关核准后，可延期30天申请开具代理出口证明。

（4）税务机关承诺时限

提供资料完整、填写内容准确、各项手续齐全的，当场办结。

（5）办理流程

1）受理审核。

①审查出口企业提供的证件、资料是否齐全、合法、有效。

②核对出口企业提供的各种资料的复印件内容是否与原件相符，复印件是否注明"与原件相符"字样并由出口企业签章，核对后原件

返还纳税人。

③审核《代理出口货物证明申请表》填写是否完整、准确，填写内容与附送证件、资料相关内容是否一致，签字、印章是否齐全。

④审核委托方税务登记证上的纳税人识别号是否与申报数据一致。

⑤重点审核单证收齐标志已经作了设置的数据是否附有核销单。

⑥纸质资料不齐全或者填写内容不符合规定的，应当场一次性告知出口企业补正或重新填报。

⑦纸质资料符合要求的，将《代理出口货物证明申请表》有关信息准确录入（或读入）出口退税审核系统审核。

2）核准。审核通过的，打印《代理出口货物证明》，签署审核意见，提交审批人签字（或签章）后，加盖公章（或业务专用章），退给申请人。

26. 什么情况下补办代理出口货物证明?

答：（1）概述

遗失《代理出口货物证明》需补办的，受托方（出口企业）应提供委托方主管税务机关退税部门出具的《代理出口未退税证明》（根据出口退税管理系统生成），向受托方主管税务机关退税部门申请补办。

（2）纳税人应提供的资料

1）代理出口协议（合同）原件、复印件。

2）受托方主管退税机关已加盖"已办代理出口货物证明"戳记的出口货物报关单（出口退税专用）原件、复印件。

3）收汇核销单（出口退税专用）原件、复印件（准予在180天内提交出口收汇核销单的，可在规定的时间内提交）或远期收汇证明（进行外汇管理改革的试点地区企业申报时不需提供纸质核销单）。

4）委托方主管退税机关出具《代理出口未退税证明》。

5）出口发票复印件。

6）载有《申请补办代理出口货物证明报告》有关信息的电子数据。

（3）税务机关承诺时限

提供资料完整、填写内容准确、各项手续齐全的，当场办结。

（4）办理流程

1）受理审核。

①审查出口企业提供的证件、资料是否齐全、合法、有效。

②核对出口企业提供的各种资料的复印件内容是否与原件相符，复印件是否注明"与原件相符"字样并由出口企业签章，核对后原件返还纳税人。

③审核《申请补办代理出口货物证明报告》填写是否完整、准确，填写内容与附送证件、资料相关内容是否一致，签字、印章是否齐全。

④纸质资料不齐全或者填写内容不符合规定的，应当场一次性告知出口企业补正或重新填报。

2）核准。纸质资料符合要求的，从系统中重新打印原《代理出口货物证明》，签署审核意见，提交审批人签字（或签章）后，加盖公章（或业务专用章），退给申请人。

27. 代理进口货物证明的管理是怎样规定的？

答：（1）概述

代理进口货物证明是由受托进口企业向其主管税务机关退税部门申请开具，并交由委托企业据此向其主管税务机关退税部门申请办理进料加工贸易免税证明的书面依据。

（2）纳税人应提供的资料

1）进料加工登记手册（复印件）。

2）进口货物报关单（原件及复印件）。

3）委托进口合同（原件及复印件）。

4）载有《代理进口货物证明申请表》有关信息的电子数据。

（3）税务机关承诺时限

提供资料完整、填写内容准确、各项手续齐全的，当场办结。

（4）办理流程

1）受理审核。

①审查进口企业提供的证件、资料是否齐全、合法、有效。

②核对进口企业提供的各种资料的复印件内容是否与原件相符，复印件是否注明"与原件相符"字样并由进口企业签章，核对后原件返还纳税人。

③审核《代理进口货物证明申请表》填写是否完整、准确，填写内容与附送证件、资料相关内容是否一致，签字、印章是否齐全。

④纸质资料不齐全或者填写内容不符合规定的，应当场一次性告知进口企业补正或重新填报。

⑤纸质资料符合要求的，将《代理进口货物证明申请表》有关信息准确录入（或读入）进口退税审核系统审核。

2）核准。审核通过的，打印《代理进口货物证明》，签署审核意见，提交审批人签字（或签章）后，加盖公章（或业务专用章），退给申请人。

28. 什么情况下可以延期申报及延期开具代理出口货物证明？

答：（1）概述

出口企业发生出口货物纸质退税凭证丢失或内容填写有误，按有关规定可以补办或更改的，出口企业可在规定的申报期限内，向主管税务机关退税部门提出延期办理出口货物退（免）税申报的申请，地（市）级税务机关经批准后，可延期3个月申报。

出口企业代理其他企业出口后，如因资料不齐等特殊原因，代理出口企业无法在60天内申请开具代理出口证明的，代理出口企业应在60天内提出书面合理理由，经地市及以上税务机关核准后，可延期30天申请开具代理出口证明。

（2）纳税人应提供的资料

1）申请延期申报出口业务对应的出口合同或协议，属于委托出口的，应提供代理出口合同或协议（原件及复印件）。

2）代理出口协议（申请延期开具代理出口货物证明提供）（原件及复印件）。

（3）对纳税人的时限要求

1）申请出口货物退（免）税延期申报的时限。出口企业应在货物报关出口之日（以出口货物报关单《出口退税专用》上注明的出口日期为准）起 90 日内，向所在地主管税务机关退税部门申请办理出口货物退（免）税延期申报手续。

对中标机电产品和外商投资企业购买国产设备等其他视同出口的货物，应自购买产品开具增值税专用发票的开票之日起 90 日内，向所在地主管税务机关退税部门申请办理出口货物退（免）税延期申报手续。

2）申请延期开具代理出口货物证明的时限。代理出口企业须在自货物报关出口之日起 60 天内，向所在地主管税务机关退税部门申请办理延期开具代理出口货物证明。

（4）税务机关承诺时限

提供资料完整、填写内容准确、各项手续齐全的，当场办结。

（5）办理流程

1）受理审核。

①审查出口企业提供的证件、资料是否齐全、合法、有效。

②核对出口企业提供的各种资料的复印件内容是否与原件相符，复印件是否注明"与原件相符"字样并由出口企业签章，核对后原件返还纳税人。

③审核《出口货物退（免）税延期申报申请表》填写是否完整、准确，签字、印章是否齐全。

④审核申请延期理由、申请延期申报的期限是否符合规定。

⑤纸质资料不齐全或者填写内容不符合规定的，应当场一次性告知出口企业补正或重新填报。

2）核准。审核通过且审批同意后，出具《出口货物退（免）税延期申报核准通知单》，加盖公章（或业务专用章），退给申请人。

29. 什么是代理出口未退税证明管理？

答：（1）概述

委托方遗失受托方退税部门出具的《代理出口货物证明》需申请补办的，应由委托方先向其主管税务机关退税部门申请出具《代理出口未退税证明》（根据出口退税管理系统生成），交由受托方据此向其主管税务机关退税部门申请补办。

（2）纳税人应提供的资料

1）出口货物报关单（出口退税专用）原件及复印件。

2）出口收汇核销单（出口退税专用）原件及复印件（准予在180天内提交出口收汇核销单的，可在规定的时间内提交）或远期收汇证明（进行外汇管理改革的试点地区企业申报时不需提供纸质核销单）。

3）代理出口协议（合同）副本及复印件。

4）载有《代理出口未退税证明申请表》有关信息的电子数据。

（3）税务机关承诺时限

提供资料完整、填写内容准确、各项手续齐全的，当场办结。

（4）办理流程

1）受理审核。

①审查出口企业提供的证件、资料是否齐全、合法、有效。

②核对出口企业提供的各种资料的复印件内容是否与原件相符，复印件是否注明"与原件相符"字样并由出口企业签章，核对后原件返还纳税人。

③审核《代理出口未退税证明申请表》填写是否完整、准确，填写内容与出口货物报关单、出口收汇核销单上相关内容是否一致，签字、印章是否齐全。

④纸质资料不齐全或者填写内容不符合规定的，应当场一次性告知出口企业补正或重新填报。

⑤纸质资料符合要求的，将《代理出口未退税证明申请表》有关信息准确录入（或读入）出口退税审核系统审核。

2）核准。审核通过的，打印《代理出口未退税证明》，签署审核意见，提交审批人签字（或签章）后，加盖公章（或业务专用章），退给申请人。

30. 出口企业出口含金产品的免税证明，如何进行管理？

答:（1）概述

对国家税务总局有关文件列举的以黄金为主要原材料（黄金价值占出口产品材料成本50%以上）加工的出口产品，对黄金主要原材料部分不予退税，其进项税金计入产品成本，对其他原料及其加工增值部分退（免）税。出口企业出口含金产品后，须持出口退（免）税所规定的凭证按月向主管税务机关退税部门申请出具《出口企业出口含金产品免税证明》，据此向主管税务机关征税部门申报办理免税手续。

（2）纳税人应提供的资料

1）出口货物报关单（出口退税专用）原件及复印件。

2）出口收汇核销单（出口退税专用）原件及复印件（准予在180天内提交出口收汇核销单的，可在规定的时间内提交）或远期收汇证明（进行外汇管理改革的试点地区企业申报时不需提供纸质核销单）。

3）出口发票复印件。

4）载有《出口含金产品免税证明申报表》有关信息的电子数据。

（3）对纳税人的时限要求

出口企业须在取得含金产品出口货物报关单的次月申报期结束前向主管税务机关退税部门申请出具含金产品免税证明。

（4）税务机关承诺时限

提供资料完整、填写内容准确、各项手续齐全的，当场办结。

（5）办理流程

1）受理审核。

①审查出口企业提供的证件、资料是否齐全、合法、有效。

②核对出口企业提供的各种资料的复印件内容是否与原件相符，复印件是否注明"与原件相符"字样并由出口企业签章，核对后原件返还纳税人。

③审核《出口含金产品免税证明申报表》填写是否完整、准确，填写内容与出口货物报关单、出口收汇核销单、出口发票上相关内容是否一致，签字、印章是否齐全。

④纸质资料不齐全或者填写内容不符合规定的，应当场一次性告知出口企业补正或重新填报。

⑤纸质资料符合要求的，将《出口含金产品免税证明申报表》有关信息准确录入（或读入）出口退税审核系统审核。

2）核准。审核通过的，打印《出口企业出口含金产品免税证明》，签署审核意见，提交审批人签字（或签章）后，加盖公章（或业务专用章），退给申请人。

第六章 申报征收管理疑难问答

1. 使用税控装置时怎样进行审批?

答:(1)概述

生产、经营规模小又确无建账能力的纳税人,经县以上税务机关批准,可以按照税务机关的规定使用税控装置。税务机关也可以根据管理需要在某行业或某地域推行税控装置。

凡从事商业零售业、饮食业、娱乐业、服务业、交通运输业等适合使用税控收款机系列机具行业,具有一定规模和固定经营场所的纳税人,可以申请使用税控收款机。

(2)纳税人应提供的资料

《税务登记证》(副本)。

(3)税务机关承诺时限

提供资料完整、填写内容准确、各项手续齐全,符合受理条件的自受理之日起 2 个工作日内转下一环节;税务机关自受理之日起 20 个工作日内办结。

(4)办理流程

1)受理环节。

①查验纳税人出示的证件是否有效。

②审核申请资料是否齐全。

③纸质资料不全或者填写内容不符合规定的,应当场一次性告知纳税人补正或重新填报,不符合要求的,制作《税务行政许可不予受理通知书》。

④符合条件的制作《税务行政许可受理通知书》、《文书受理回执单》或《税务文书领取通知单》。

审核无误后，将全部受理资料转下一环节。

2）后续环节。接收上一环节转来的信息资料，进行案头审核，根据实际情况需要对申请材料的实质内容进行实地调查，主要审核以下内容：

①案头审核。通过调阅纳税人的营业执照信息，确认纳税人是否具备使用税控装置的条件，如通过案头无法确认，则进行实地调查。

②实地调查。调查纳税人的实际生产经营能力、财务核算能力、生产经营场所等，确认纳税人是否具备使用税控装置的条件。

通过以上审核调查，确定审批结果，签署审批意见，制作《准予行政许可决定书》或《不予行政许可决定书》送达纳税人。

2. 对哪些人建立收支凭证粘贴簿、进货销货登记簿需要审批?

答：(1) 概述

生产、经营规模小又确无建账能力的纳税人，经县以上税务机关批准，可以按照税务机关的规定，建立收支凭证粘贴簿、进货销货登记簿。定期定额户应当建立收支凭证粘贴簿、进销货登记簿，完整保存有关纳税资料，并接收税务机关的检查。

(2) 纳税人应提供的资料

1）需查验的资料：《税务登记证》（副本）。

2）需报送的资料：建立收支凭证粘贴簿、进货销货登记簿的情况说明。

(3) 对纳税人的时限要求

自领取营业执照或者发生纳税义务之日起 15 日向主管税务机关提出申请。

(4) 税务机关承诺时限

提供资料完整、填写内容准确、各项手续齐全，符合受理条件的自受理之日起 2 个工作日内转下一环节；税务机关自受理之日起 20 个工作日内办结。

（5）办理流程

1）受理环节。

①查验纳税人出示的证件是否有效。

②审核申请资料是否齐全。

③纸质资料不全或者填写内容不符合规定的，应当场一次性告知纳税人补正或重新填报，不符合要求的，制作《税务行政许可不予受理通知书》。

④符合条件的制作《税务行政许可受理通知书》《文书受理回执单》或《税务文书领取通知单》。

2）后续环节。接收上一环节转来的信息资料，进行案头审核，根据实际情况需要对申请材料的实质内容进行实地调查的，主要审核以下内容：

①案头审核。通过调阅纳税人的营业执照信息，以及纳税人报送的建立收支凭证粘贴簿、进货销货登记簿的情况说明确认纳税人是否无建账能力。

②实地调查。实地调查纳税人的实际生产经营情况、财务核算情况等，是否确无建账能力，符合建立收支凭证粘贴簿、进货销货登记簿的条件。

通过以上审核，确定审批结果，签署审批意见，制作《准予行政许可决定书》或《不予行政许可决定书》送达纳税人。

3. 发票认证的含义是什么？

答：（1）概述

发票认证是指税务机关对增值税一般纳税人取得的防伪税控系统开具的增值税专用发票抵扣联和运输发票抵扣联，利用扫描仪自行采集其密文和明文图像，运用识别技术将图像转换成电子数据，然后对发票密文进行解密，并与发票明文逐一核对，以判别其真伪的过程，不包括防伪税控认证子系统增值税专用发票抵扣联信息企业采集方式。

（2）纳税人应提供的资料

1）增值税专用发票抵扣联。

2）货运发票税控系统开具的货运发票抵扣联。

（3）对纳税人的时限要求

增值税一般纳税人申请抵扣的防伪税控系统开具的增值税专用发票和货物运输发票，必须自该专用发票开具之日起90日内到税务机关认证。

（4）办理流程

1）利用防伪税控认证子系统对企业提供的抵扣联进行防伪认证（对计算机不能识别但票面清晰的专用发票，按票面信息进行人工校正），根据认证结果的不同，分以下情况进行处理：

①认证相符的专用发票（包括人工校正认证相符）认证完毕后，当场向企业下达《认证结果通知书》和认证清单，要求企业当场核对发票份数，并返还企业认证相符的增值税专用发票。

②无法认证、纳税人识别号认证不符和发票代码号码认证不符（指密文和明文相比较，发票代码或号码不符）的发票，将发票原件退还纳税人。

③密文有误、认证不符（不包括纳税人识别号认证不符和发票代码号码认证不符）和抵扣联重号的专用发票必须当即扣留；对远程认证结果为"认证未通过"的专用发票抵扣联，应在发现的当日通知纳税人于2日内持专用发票抵扣联原件到税务机关再次认证，对仍认证不符或密文有误的发票，必须当即扣留。

④对于扣留的专用发票（包括运输发票），认证人员应填写《增值税专用发票抵扣联扣留通知书》，随同《认证结果通知书》和《专用发票认证结果清单》交纳税人作为扣留凭证，同时填写《认证不符或密文有误专用发票转办单》，与扣留的专用发票抵扣联原件及电子数据，于发现的当日移送稽查部门；专用发票注明金额在十万元以上的，则须立即将专用发票原件和电子数据移送稽查局查处，同时将此情况立即向主管领导报告，主管税务机关要立即将此情况以电话直接通知总局，并最迟于次日将专用发票复印件、《防伪税控认证不符和密文有误增值税专用发票情况表》直接传至总局，同时逐级抄报省局。

2）如果企业报送税务机关认证的发票抵扣联已污损、褶皱、揉搓，无法运用认证子系统进行认证的，可允许纳税人用相应的其他联次进行认证（采集），处理方式同上。

4. 消费税纳税人如何进行纳税申报？

答：（1）概述

消费税纳税人纳税申报是指消费税纳税人依照税收法律法规规定或主管税务机关依法确定的申报期限，向主管税务机关办理消费税纳税申报的业务。

（2）纳税人应提供的资料

1）生产石脑油、溶剂油、航空煤油、润滑油、燃料油的纳税人在办理纳税申报时还应提供《生产企业生产经营情况表》和《生产企业产品销售明细表（油品)》。

2）外购应税消费品连续生产应税消费品的，提供外购应税消费品增值税专用发票（抵扣联）原件和复印件。如果外购应税消费品的增值税专用发票属于汇总填开的，除提供增值税专用发票（抵扣联）原件和复印件外，还应提供随同增值税专用发票取得的由销售方开具并加盖财务专用章或发票专用章的销货清单原件和复印件。

3）委托加工收回应税消费品连续生产应税消费品的，提供《代扣代收税款凭证》原件和复印件。

4）进口应税消费品连续生产应税消费品的，提供《海关进口消费税专用缴款书》原件和复印件。

5）扣缴义务人必须报送《消费税代扣代缴税款报告表》。

6）汽油、柴油消费税纳税人还需报送：生产企业生产经营情况表（油品），生产企业产品销售明细表（油品），主管部门下达的月度生产计划，企业根据生产计划制订的月份排产计划。

7）抵减进口葡萄酒消费税退税纳税人还需报送《海关进口消费税专用缴款书》复印件。

（3）对纳税人的时限要求

纳税人以一个月为一期纳税的，自期满之日起十日内申报纳税；以一日、三日、五日、十日或者十五日为一期纳税的，自期满之日起五日内预缴税款，于次月一日起十日内申报纳税并结清上月应纳税款；纳税人进口货物，应当自海关填发税款缴纳凭证的次日起七日内申报缴纳税款。

（4）税务机关承诺时限

提供资料完整、填写内容准确、各项手续齐全、无违章问题，符合条件的当场办结。

（5）办理流程

1）通过系统调阅纳税人前期消费税申报信息。

2）审核《消费税纳税申报表》、附表和资料是否齐全，内容填写是否完整准确，印章是否齐全。

3）审核纳税人提供的《消费税纳税申报表》与附表资料数字是否符合逻辑关系。

4）审核纳税人提供的原件与复印件是否相符，复印件是否注明"与原件相符"字样并由纳税人签章，核对后原件返还纳税人。

5）纸质资料不全或填写不符合规定的，应当场一次性告知纳税人补正或重新填报。

6）对于纳税人所报资料齐全完整，《消费税纳税申报表》与附报资料数字符合逻辑关系，符合申报条件的，在《消费税纳税申报表》上签章，将申报信息采集录入系统，当期申报有税款的，开具完税凭证。

5. 交通运输业营业税如何进行纳税申报？

答：（1）概述

交通运输业营业税纳税申报是指交通运输业营业税纳税人依照税收法律法规规定或主管税务机关依法确定的申报期限，向主管税务机关办理营业税纳税申报的业务（部分单位向国税局申报，如铁道部营业税由北京市国税局征收）。

（2）纳税人应提供的资料

《交通运输业营业税纳税申报表》。

（3）对纳税人的时限要求

纳税人以一个月为一期纳税的，自期满之日起十日内申报纳税；

以五日、十日或者十五日为一期纳税的，自期满之日起五日内预缴税款，于次月一日起十日内申报纳税并结清上月应纳税款。

（4）税务机关承诺时限

提供资料完整、填写内容准确、各项手续齐全、无违章问题，符合条件的当场办结。

（5）办理流程

1）审核《营业税纳税申报表》内容填写是否完整准确，各项数字是否符合逻辑关系，印章是否齐全。

2）审核发现《营业税纳税申报表》填写内容不符合规定或者存在疑点等情况，应当场一次性告知纳税人补正或重新填报。

3）纳税人所报《营业税纳税申报表》内容填写完整准确，印章齐全，数字符合逻辑关系，符合申报条件的，在《营业税纳税申报表》上签章，将申报信息采集录入系统，当期申报有税款的，开具完税凭证。

6. 金融保险业营业税如何进行纳税申报?

答：（1）概述

金融保险业营业税纳税申报是指金融保险业营业税纳税人依照税收法律法规规定或主管税务机关依法确定的申报期限，向主管税务机关办理营业税纳税申报的业务。

（2）纳税人应提供的资料

1）《贷款（含贴现、押汇、透支等）利息收入明细表》。

2）《外汇转贷利息收入明细表》。

3）《委托贷款利息收入明细表》。

4）《融资租赁收入明细表》。

5）《自营买卖股票价差收入明细表》。

6）《自营买卖债券价差收入明细表》。

7）《自营买卖外汇价差收入明细表》。

8）《自营买卖其他金融商品价差收入明细表》。

9）《金融经纪业务及其他金融业务收入月汇总明细表》。

10）《保费收入明细表》。

11)《储金业务收入明细表》。

（3）对纳税人的时限要求

银行、财务公司、信托投资公司、信用社以一个季度为纳税期限，上述金融机构每季度末最后一旬应得的贷款利息收入，可以在本季度缴纳营业税，也可以在下季度缴纳营业税，但确定后一年内不得变更。其他的金融机构以一个月为纳税期限。以一季度为一个纳税期的，或者以一个月为一个纳税期的，应当分别于季度终了后或次月10日内向主管税务机关申报缴纳税款。

（4）税务机关承诺时限

提供资料完整、填写内容准确、各项手续齐全、无违章问题，符合条件的当场办结。

（5）办理流程

1）审核《营业税纳税申报表》、附表和资料是否齐全，内容填写是否完整准确，印章是否齐全。

2）审核《营业税纳税申报表》与附报资料数字是否符合逻辑关系。

3）纸质资料不全或填写不符合规定的，应当场一次性告知纳税人补正或重新填报。

4）纳税人所报资料齐全完整，《营业税纳税申报表》数字符合逻辑关系，符合申报条件的，在《营业税纳税申报表》加盖申报戳记，返还给纳税人，将申报信息采集录入系统。当期申报有税款的，开具完税凭证。

7. 增值税一般纳税人如何进行纳税申报？

答：（1）概述

增值税一般纳税人纳税申报是指增值税一般纳税人依照税收法律法规规定或主管税务机关依法确定的申报期限，向主管税务机关办理增值税纳税申报的业务。

（2）纳税人应提供的资料

1)《增值税纳税申报表》附列资料（表一）、（表二）。

2）税控IC卡（使用小容量税控IC卡的企业还需要持有报税数据

软盘)。

3)防伪税控开具发票汇总表及明细表。

4)加盖开户银行"转讫"或"现金转讫"章的《中华人民共和国税收通用缴款书》(适用于未实行税库银联网的纳税人)。

5)《成品油购销存情况明细表》和加油 IC 卡、《成品油购销存数量明细表》。

6)《增值税运输发票抵扣清单》。

7)《海关完税凭证抵扣清单》。

8)按月报送《机动车辆生产企业销售明细表》及其电子信息(机动车生产企业报送)。

9)每年第一个增值税纳税申报期,报送上一年度《机动车辆生产企业销售情况统计表》及其电子信息(机动车生产企业报送)。

10)按月报送《机动车辆销售统一发票清单》及其电子信息(机动车生产企业报送)。

11)《机动车销售统一发票领用存月报表》,以及已开具的统一发票存根联(机动车生产企业报送)。

12)报送申报当期销售所有机动车辆的《代码清单》(机动车生产企业报送)。

13)按月报送《机动车辆经销企业销售明细表》及其电子信息(机动车经销企业报送)。

14)按月报送《机动车辆销售统一发票清单》及其电子信息(机动车经销企业报送)。

15)《机动车销售统一发票领用存月报表》,以及已开具的统一发票存根联(机动车经销企业报送)。

16)重点税源企业报表(重点税源企业)(一式一份)。

17)纳税人如果取得货物运输发票、废旧物资发票、海关进口货物完税凭证用于抵扣税款的,应当报送录有抵扣发票信息的电子申报软盘。

18)退税部门确认的上期《生产企业出口货物免、抵、退税申报汇总表》(办理"免抵退"税的生产企业提供)。

19）稽核结果比对通知书（辅导期一般纳税人报送）。

（3）对纳税人的时限要求

纳税人以一个月为一期纳税的，自期满之日起十日内申报纳税；以一日、三日、五日、十日或者十五日为一期纳税的，自期满之日起五日内预缴税款，于次月一日起十日内申报纳税并结清上月应纳税款；纳税人进口货物，应当自海关填发税款缴纳凭证的次日起七日内申报缴纳税款。

（4）税务机关承诺时限

提供资料完整、填写内容准确、各项手续齐全、无违章问题，符合条件的当场办结。

（5）办理流程

1）审核《增值税纳税申报表》、附表和资料是否齐全，内容填写是否完整准确，印章是否齐全。

2）审核纳税人提供的《增值税纳税申报表》与附表资料数字是否符合逻辑关系。

3）纸质资料不全或填写不符合规定的，应当场一次性告知纳税人补正或重新填报。

4）将申报信息采集录入系统。

5）确认税款是否入库（已实行"税银联网"或"税库银联网"的地区）。

6）为增值税防伪税控一般纳税人办理防伪税控报税业务。

7）进行"一窗式"票表税比对。

8）"一窗式"票表税比对异常的，按照规定处理。

9）符合申报条件的，在《增值税纳税申报表》上签章，为增值税防伪税控一般纳税人办理税控 IC 卡解锁处理。

8. 增值税小规模纳税人如何进行纳税申报？

答：（1）概述

增值税小规模纳税人纳税申报是指增值税小规模纳税人依照税收法律法规规定或主管税务机关依法确定的申报期限，向主管税务机关办理增值税纳税申报的业务。

（2）纳税人应提供的资料

1)《增值税纳税申报表》附列资料（表一）。

2)《机动车销售统一发票领用存月报表》，以及已开具的统一发票存根联（机动车经销企业报送）。

3) 按月报送《机动车辆销售统一发票清单》及其电子信息（机动车经销企业报送）。

4) 按月报送《机动车辆经销企业销售明细表》及其电子信息（机动车经销企业报送）。

5) 推行税控收款机的纳税人需报送税控收款机 IC 卡。

（3）对纳税人的时限要求

纳税人以一个月为一期纳税的，自期满之日起十日内申报纳税；以一日、三日、五日、十日或者十五日为一期纳税的，自期满之日起五日内预缴税款，于次月一日起十日内申报纳税并结清上月应纳税款；纳税人进口货物，应当自海关填发税款缴纳凭证的次日起七日内申报缴纳税款。

（4）税务机关承诺时限

提供资料完整、填写内容准确、各项手续齐全、无违章问题，符合条件的当场办结。

（5）办理流程

1) 审核《增值税纳税申报表》、附表和资料是否齐全，内容填写是否完整准确，印章是否齐全。

2) 审核纳税人提供的《增值税纳税申报表》与附报资料数字是否符合逻辑关系。

3) 纸质资料不全或填写不符合规定的，应当场一次性告知纳税人补正或重新填报。

4) 将申报信息采集录入系统。

5) 对使用税控收款机的小规模纳税人进行"一窗式"比对。

6) 对于纳税人所报资料齐全完整，《增值税纳税申报表》与附报资料数字符合逻辑关系，符合申报条件的，在《增值税纳税申报表》上签章，将申报信息采集录入系统，当期申报有税款的，开具完税凭证。

9. 车辆购置税如何进行纳税申报？

答：（1）概述

车辆购置税纳税申报是指纳税人发生车辆购置税应税行为时，按照规定期限向主管税务机关申报缴纳车辆购置税的行为。

（2）纳税人应提供的资料

1）车主身份证明原件及复印件。

①内地居民，提供内地《居民身份证》（含居住、暂住证明）或《居民户口簿》或军人（含武警）身份证明。

②香港、澳门特别行政区、台湾地区居民，提供入境的身份证明和居留证明。

③外国人，提供入境的身份证明和居留证明。

④组织机构，提供《组织机构代码证书》。

2）车辆价格证明原件及复印件。

①境内购置的车辆，提供《机动车销售统一发票》（发票联和报税联）或有效凭证。

②进口自用的车辆，提供《海关关税专用缴款书》、《海关代征消费税专用缴款书》或海关《征免税证明》。

3）车辆合格证明及复印件。

①国产车辆，提供整车出厂合格证明。

②进口车辆，提供《中华人民共和国海关货物进口证明书》或《中华人民共和国海关监管车辆进（出）境领（销）牌照通知书》或《没收走私汽车、摩托车证明书》。

4）进口旧车、因不可抗力因素导致受损的车辆、库存超过3年的车辆、行驶8万公里以上的试验车辆、国家税务总局规定的其他车辆，凡纳税人能出具有效证明的，计税依据为其提供的统一发票或有效凭证注明的价格。

（3）对纳税人的时限要求

纳税人购买自用应税车辆的，应当自购买之日起60日内申报纳税；进口自用应税车辆的，应当自进口之日起 60 日内申报纳税；自产、受赠、获奖或者以其他方式取得并自用应税车辆的，应当自取得之日起 60 日内申报纳税。

（4）税务机关承诺时限

提供资料完整、填写内容准确、各项手续齐全、无违章问题，确认税款缴纳后予以办结。

（5）办理流程

1）审核《车辆购置税纳税申报表》和其他资料是否齐全，内容填写是否完整准确，印章是否齐全。

2）审核《车辆购置税纳税申报表》与附报资料数字是否符合逻辑关系。

3）审核纳税人提供的原件与复印件是否相符，复印件是否注明"与原件相符"字样并由纳税人签章，核对后原件返还纳税人。

4）纸质资料不全或填写不符合规定的，应当场一次性告知纳税人补正或重新填报。

5）纳税人所报资料完整齐全，《车辆购置税纳税申报表》数字符合逻辑关系，符合申报条件的，在《车辆购置税纳税申报表》上签章，将申报信息采集录入系统，确认税款缴纳后，核发《车辆购置税完税证明》，征税车辆在完税证明征税栏加盖车辆购置税征税专用章。

10. 定期定额户定额执行期结束后如何纳税申报？

答：（1）概述

定期定额户在定额执行期结束后，应当以该期每月实际发生的经营额、所得额向税务机关申报，申报额超过定额的，按申报额缴纳税款；申报额低于定额的，按定额缴纳税款。

（2）对纳税人的时限要求

纳税人应在一个定额执行期结束之后 60 日之内或在申请注销税务登记前 3 日内进行申报。

（3）税务机关承诺时限

提供的资料完整、填写内容准确、各项手续齐全的，当场办结。

（4）办理流程

1）审核《定期定额个体工商户××税纳税分月汇总申报表》的内容是否完整准确，印章是否齐全。

2）纸质资料不全或者填写内容不符合规定的，应当场一次性告知纳税人补正或重新填报。

3）符合条件的受理纳税人的分月汇总申报，在系统中录入申报表信息，需要补缴税款的打印完税证明，税款入库后在申报表上签署意见加盖印章，《定期定额个体工商户××税纳税分月汇总申报表》返回纳税人。

11. 适用查账征收企业所得税的纳税人，其年度纳税申报应怎样进行？

答：（1）概述

企业所得税年度纳税申报（适用于查账征收企业）适用于能如实提供完整、准确的成本、费用凭证和计算应纳税所得额的纳税人，纳税人按年度填写《企业所得税年度纳税申报表》，在规定期限内到税务机关进行纳税申报，并提供税务机关要求报送的其他纳税资料。

（2）纳税人应提供的资料

1）《销售（营业）收入及其他收入明细表》［附表一（1）］（一般企业用）。

2）《金融企业收入明细表》［附表一（2）］（金融保险企业用）。

3）《事业单位、社会团体、民办非企业单位收入项目明细表》［附表一（3）］（事业单位、社会团体、民办非企业单位用）。

4）《成本费用明细表》［附表二（1）］（一般企业用）。

5）《金融企业成本费用明细表》［附表二（2）］（金融保险企业用）。

6）《事业单位、社会团体、民办非企业单位支出项目明细表》［附表二（3）］（事业单位、社会团体、民办非企业单位用）。

7）《投资所得（损失）明细表》（附表三）。

8）《纳税调整增加项目明细表》（附表四）。

9)《纳税调整减少项目明细表》(附表五)。

10)《税前弥补亏损明细表》(附表六)。

11)《免税所得及减免税明细表》(附表七)。

12)《捐赠支出明细表》(附表八)。

13)《境外所得税抵扣计算明细表》(附表十)。

14)《广告费支出明细表》(附表十一)。

15)《工资薪金和工会经费等三项经费明细表》(附表十二)。

16)《资产折旧、摊销明细表》(附表十三)。

17)《坏账损失明细表》[附表十四(1)](一般企业用)。

18)《呆账准备计提明细表》[附表十四(2)](金融保险企业用)。

19)《保险准备金提转差纳税调整表》[附表十四(3)](金融保险企业用)。

20)如果纳税人涉及以下取消的企业所得税审批项目,年度申报时还应报送:

①纳税人成本计算方法、间接成本分配方法、存货计价方法发生改变的情况说明。

②纳税人享受技术开发费加计扣除项目应报送:技术项目开发计划立项书或批准文件和技术开发费加计扣除明细表,当年技术开发费实际发生项目和发生额的有效凭证。

③纳税人为工效挂钩企业应附报行使出资者职责的有关部门制订或批准的工效挂钩方案。

④纳税人在一个纳税年度发生的非货币性资产投资转让所得、债务重组所得、捐赠收入,占应纳税所得50%及以上的,可以在不超过5年的期间均匀计入各年度的应纳税所得的情况说明。

⑤要求享受国务院批准的高新技术产业开发区内的高新技术企业减免税优惠政策的纳税人应在报送年度纳税申报时,附送有关部门认定的高新技术企业的资格证书(复印件)、营业执照及高新技术产品或项目的有关资料。

⑥认定业务取消后,纳税人应提交证明其符合享受所得税优惠政策资格条件的资料。

21）境外所得税纳税证明和税收减免法律规定。

（3）对纳税人的时限要求

纳税人应当在年度终了后四个月内，向当地主管税务机关办理企业所得税纳税申报。纳税人发生解散、破产、撤销情形，并进行清算的，应在办理工商注销登记之前，纳税人有其他情形依法终止纳税义务的，应当在停止生产、经营之日起60日内，向主管税务机关办理企业所得税纳税申报。

（4）税务机关承诺时限

提供资料完整、填写内容准确、各项手续齐全、无违章问题，符合受理条件的当场办结。

（5）办理流程

1）审核申报资料是否齐全，项目填写是否规范、完整。对资料不齐全或内容不正确的，退纳税人更正后再进行纳税申报。

2）对审核无误的，在系统中录入纳税人申报资料，并核对企业申报的弥补以前年度的亏损、减免税优惠（认定取消后，主管税务机关要对纳税人提交证明其符合享受所得税优惠政策资格条件的资料严格审核，确认其符合资格条件的，允许享受优惠政策；确认其实际不符合资格条件的企业，虽经有关部门认定了资格，也不得享受所得税优惠政策）、已预缴税款等信息与系统比对是否一致，已实行电子申报的地区可实行自动录入和比对。

3）申报表保存成功后，系统产生申报信息和应征信息，产生应征税款的作税款征收处理，产生多缴税款可以作退税或抵税处理。在申报表税务机关接收栏签收并加盖"已申报"印戳后，退申报表给纳税人。

12. 适用查账征收企业所得税的纳税人，其季（月）度纳税申报应怎样进行？

答：（1）概述

对实行查账征收企业所得税的纳税人，在季度或月份终了后15日内，向其所在地主管税务机关报送《企业所得税预缴纳税申报表》。

（2）对纳税人的时限要求

纳税人应当在月份或者季度终了后 15 天内，向其所在地主管税务机关报送预缴所得税申报表。

（3）税务机关承诺时限

提供资料完整、填写内容准确、各项手续齐全、无违章问题，符合受理条件的当场办结。

（4）办理流程

1）审核申报资料是否齐全，项目填写是否规范、完整。对资料不齐全或内容不正确的，退纳税人更正后再进行纳税申报。

2）对审核无误的，在 CTAIS 中录入纳税人申报资料，并核对企业申报的弥补以前年度的亏损、减免税优惠、已预缴税款等信息与系统比对是否一致。

3）申报表保存成功后，系统产生申报信息和应征信息，产生应征税款的作税款征收处理，在申报表税务机关接收栏签收并加盖"已申报"印戳后，退申报表给纳税人。

13. 适用核定征收企业所得税的纳税人，如何进行纳税申报？

答：（1）概述

对实行核定征收企业所得税的纳税人，在季度或月份终了后 15 日内，向其所在地主管税务机关报送《企业所得税预缴纳税申报表》。对于核定应税所得率征收的纳税人，根据纳税年度内的收入总额或成本等项目的实际发生额，按预先核定的应税所得率计算企业所得税应纳税额。

（2）对纳税人的时限要求

纳税人应当在月份或者季度终了后 15 天内，向其所在地主管税务机关报送会计报表和预缴所得税申报表。对于核定应税所得率征收的纳税人应当在年度终了后四个月内，向当地主管税务机关办理企业所得税年度申报。

（3）税务机关承诺时限

提供资料完整、填写内容准确、各项手续齐全、无违章问题，符合受理条件的当场办结。

（4）办理流程

1）审核申报资料是否齐全，项目填写是否规范、完整。对资料不齐全或内容不正确的，退纳税人更正后再进行纳税申报。

2）对审核无误的，在 CTAIS 中录入纳税人申报资料，并核对企业申报的减免税优惠、已预缴税款等信息与系统比对是否一致。

3）申报表保存成功后，系统产生申报信息和应征信息，产生应征税款的作税款征收处理，在申报表税务机关接收栏签收并加盖"已申报"印戳后，退申报表给纳税人。

14. 适用于 A 类外商投资企业和外国企业所得税年度纳税申报如何进行？

答：（1）概述

企业应在年度终了后 4 个月内，填写《企业所得税年度申报表》，向其主管税务机关申报上一年度的应纳税所得额、应纳所得税额、减免所得税额、抵免所得税额、境外应补所得税额，并应依其全年实际应纳税额减除已预缴的所得税额，自核自缴应补缴的税额；主管税务机关应在年度终了后 5 个月内，对企业的年度申报表及有关资料进行一般性审核，并办结企业年度所得税多退少补事项。

A 类适用于：能够提供完整、准确的成本、费用凭证，能够正确计算应纳税所得额的外商投资企业和外国企业，即外资 A 类企业是指征收方式为查账征收的企业。

年度中间发生合并、分立、终止的企业，应自停止生产、经营之日起 30 日内向主管税务机关办理所得税申报，并将应补税款缴纳入库；主管税务机关应在企业停止生产、经营之日起 60 日内完成对企业申报资料的审核及办结税款多退少补事项。

（2）纳税人应提供的资料

1）《营业收入表》（A01）（附表1）。

2）《营业成本（支出）明细表》（A02）（附表2）。

3）《管理费用、营业费用明细表》（A03）（附表3）。

4）《无形资产、长期待摊费用、其他长期摊销资产表》（A0301）（附表4）。

5）《固定资产折旧情况表》（A04）（附表5）。

6）《财务费用情况表》（A05）（附表6）。

7）《注册资本到位情况表》（A06）（附表7）。

8）《营业外收支情况表》（A07）（附表8）。

9）《其他损益明细表》（A08）（附表9）。

10）《年度亏损弥补情况表》（A09）（附表10）。

11）《总、分支机构或营业机构应纳税情况调整汇总表》（A10）（附表11）。

12）《总、分支机构或营业机构经营情况年度申报表》（A1001）（附表12）。

13）《总、分支机构或营业机构应纳税所得额分配情况表》（A1002）（附表13）。

14）《其他应税项目调整明细表》（A11）（附表14）。

15）《外国税额扣除计算表》（A12）（附表15）。

16）《外商投资企业和外国企业与其关联企业业务往来情况年度申报表》（A13-A）（附表16）。

17）《外商投资企业和外国企业与其关联企业业务往来情况年度申报表》（A13-B）（附表17）。

18）《以前年度损益调整应纳所得税情况表》（A14）（附表18）。

19）年度会计决算报表。

20）中国注册会计师查账报告。

21）对纳税人涉及下列已取消的外商投资企业和外国企业所得税审批项目，年度申报时还应报送：

①当年出口产品产值达到当年产品产值70%以上的出口企业享受

减半征收企业所得税的纳税人应在年度申报时报送：主管部门出具的当年度该企业为产品出口企业的有效证书；审核确认机关出具的其出口产品产值超过当年产值70%的证明资料。

②外商投资企业享受技术开发费加计扣除优惠政策时，报送以下资料：外商投资企业当年度编制的技术开发计划和费用预算方案；外商投资企业技术研究人员情况；外商投资企业技术开发费发生情况。

③企业实际发生应收账款坏账损失的，应就当期扣除的坏账损失的原因做出附加说明并提供有效的证明资料。

④外国企业列支总机构管理费，须出具总机构提供的管理费汇集范围、总额、分摊依据和方法等证明资料，并就上述证明资料附送注册会计师查证报告。

⑤中外合资高新技术企业定期减免税：附送高新技术企业的相关证明材料。

⑥企业发生与生产经营有关的合理的借款利息，企业对每次发生的对外借款，在报送其年度所得税申报表时，应附送以下资料：借款利率与签订借款合同时的一般商业贷款利率比较说明；注册资本投资到位的验资报告。

如果企业从非关联银行金融机构借款的，可免予提供上述第①项所要求的资料。

⑦企业取得已使用的固定资产，凡尚可使用的年限比税法实施细则规定短的，可按实际可使用年限计算折旧。企业应在报送年度所得税申报表时，对按上述规定计算折旧的固定资产受让价格、已使用年限、尚可使用年限的有关说明资料。

⑧企业发生财产损失的，在向主管税务机关报送年度所得税申报表时，应就其财产损失的类型、程度、数量、价格、损失理由、扣除期限等做出书面说明，同时附送企业内部有关部门的财产损失鉴定证明资料等，若涉及由企业外部造成财产损失的，还应附送企业外部有关部门、机构鉴定的财产损失证明资料。

22）享受两个密集型优惠的企业应报送主导产品销售收入比例情况的说明材料。

23)《外商投资企业和外国企业购买国产设备投资抵免企业所得税汇总审核表》。

24)《外商投资企业和外国企业购买国产设备投资抵免企业所得税明细表》。

25)《外商投资企业和外国企业与其关联企业业务往来情况年度申报表（A1301）企业与其关联企业关联关系及交易汇总情况表》。

26)《外商投资企业和外国企业与其关联企业业务往来情况年度申报表（A1302）企业与其关联企业购（销）商品（产品）情况表》。

27)《外商投资企业和外国企业与其关联企业业务往来情况年度申报表（A1303）企业与其关联企业提供劳务情况表》。

28)《外商投资企业和外国企业与其关联企业业务往来情况年度申报表（A1304）企业与其关联企业融通资金情况表》。

29)《外商投资企业和外国企业与其关联企业业务往来情况年度申报表（A1305）企业与其关联企业有形资产转让情况表》。

30)《外商投资企业和外国企业与其关联企业业务往来情况年度申报表（A1306）企业与其关联企业无形资产转让情况表》。

31)《外商投资企业和外国企业与其关联企业业务往来情况年度申报表（A1307）企业与其关联企业其他交易情况表》。

（3）对纳税人的时限要求

1)纳税年度内已开始生产、经营（包括试生产、试营业）的企业应在年度终了后四个月内向主管税务机关办理年度所得税申报，自核自缴应补缴的税额。

2)年度中间发生合并、分立、终止的企业，应自停止生产、经营之日起 30 日内向主管税务机关办理所得税申报，并将应补税款缴纳入库。

（4）税务机关承诺时限

1)对纳税年度内已开始生产、经营（包括试生产、试营业）的企业，主管税务机关应在年度终了后 5 个月内，对企业的年度申报表及有关资料进行一般性审核，并办结企业年度所得税多退少补事项。

2)对年度中间发生合并、分立、终止的企业，主管税务机关应在企业停止生产、经营之日起 60 日内完成对企业申报资料的审核及办结税款多退少补事项。

（5）办理流程

1）受理环节。

①审核企业报送资料是否齐全、合法、有效，《外商投资企业和外国企业所得税年度申报表》填写是否完整准确，签章是否齐全。

②审核《外商投资企业和外国企业所得税年度申报表》的填报内容与附报资料相关内容是否相符。

③审核企业申报结转或弥补以前年度的亏损额与系统比对是否一致。

④审核企业申报的减免税优惠与系统比对是否相符。

⑤审核企业申报的已预缴税款信息与系统比对是否一致。

⑥对审核无误的，在《外商投资企业和外国企业所得税年度申报表》上签字、加盖印章，一份留存，一份给纳税人。

⑦将审核后的企业所得税年度申报数据导入或录入系统。

⑧纳税人提交资料不全或者填报内容不符合规定的，应当场一次性告知纳税人补正或重新填报。

审核无误后，将纳税人报送的所有资料转下一环节。

2）后续环节。接收上一环节转来的信息资料，主要审核以下内容：

①审核企业所得税年度申报表及其附表与会计决算报表、中国注册会计师查账报告的数字是否一致，各项目之间的逻辑关系是否对应，计算是否正确，是否已按注册会计师查账报告对应纳税所得额、应纳税额做出调整。

②审核企业是否按规定结转或弥补以前年度亏损额。

③审核企业是否符合税收减免条件，包括对企业所得税和地方所得税的减免是否符合现行法律法规的规定，有无税务机关或地方政府的正式批文；企业所处减免税年度情况，何时应恢复征税；审核企业税前扣除的财产损失是否已报税务机关审批等。

④审核总机构汇总和外国企业营业机构合并申报所得税，其分支机构或各营业机构账表所记载涉及计算应纳税所得额的各项数据是否

准确。

⑤审核企业已预缴所得税的完税信息，确认其实际预缴的税额。

根据审核结果，结合季度所得税申报表及日常征管情况，对企业报送的年度申报表及其附表和其他有关资料进行初步审核后，在5月底前，对应补缴所得税、应办理退税的企业发送《外商投资企业和外国企业汇算清缴涉税事项通知书》，办理税款多退少补事宜。

15. 适用于 A 类外商投资企业和外国企业所得税季度纳税申报如何进行?

答:(1)概述

外商投资企业和外国企业在中国境内设立的从事生产、经营的机构、场所应当在季度终了后十五日内向当地税务机关报送预缴所得税申报表。预缴所得税时，应当按季度的实际利润额预缴；按季度实际利润额预缴有困难的，可以按上一年度应纳税所得额的四分之一或者经当地税务机关认可的其他方法分季预缴所得税。

(2)对纳税人的时限要求

季度终了后十五日内申报。

(3)税务机关承诺时限

提供资料完整、填写内容准确、各项手续齐全、无违章问题，符合受理条件的当场受理申报。

(4)办理流程

1)审核企业报送资料是否齐全、合法、有效，《外商投资企业和外国企业所得税季度申报表》(A 类)填写是否完整准确，签章是否齐全。

2)对审核无误的，在《外商投资企业和外国企业所得税季度申报表》(A 类)上签字、加盖印章，一份留存，一份给纳税人。

3)将审核后的企业所得税年度申报数据录入系统（网上申报除外）。

4)纳税人提交资料不全或者填报内容不符合规定的，应当场一次性告知纳税人补正或重新填报。

16. 适用于 B 类外商投资企业和外国企业所得税年度纳税申报如何进行？

答：（1）概述

企业应在年度终了后四个月内，填写企业所得税年度申报表，向其主管税务机关申报上一年度的应纳税所得额、应纳所得税额、减免所得税额、抵免所得税额、境外应补所得税额，并应依其全年实际应纳税额减除已预缴的所得税额，自核自缴应补缴的税额；主管税务机关应在年度终了后五个月内，对企业的年度申报表及有关资料进行一般性审核，并办结企业年度所得税多退少补事项。

B 类适用于：按核定利润率或按经费支出换算收入方式缴纳企业所得税的外商投资企业或外国企业，即 B 类企业为实行核定征收的企业。

年度中间发生合并、分立、终止的企业，应自停止生产、经营之日起 30 日内向主管税务机关办理所得税申报，并将应补税款缴纳入库；主管税务机关应在企业停止生产、经营之日起 60 日内完成对企业申报资料的审核及办结税款多退少补事项。

（2）纳税人应提供的资料

中国注册会计师查账报告。

（3）对纳税人的时限要求

1）纳税年度内已开始生产、经营（包括试生产、试营业）的企业应在年度终了后四个月内向主管税务机关办理年度所得税申报，自核自缴应补缴的税额；

2）年度中间发生合并、分立、终止的企业，应自停止生产、经营之日起 30 日内向主管税务机关办理所得税申报，并将应补税款缴纳入库。

（4）税务机关承诺时限

1）对纳税年度内已开始生产、经营（包括试生产、试营业）的企业，主管税务机关应在年度终了后五个月内，对企业的年度申报表及有关资料进行一般性审核，并办结企业年度所得税多退少补事项。

2）对年度中间发生合并、分立、终止的企业，主管税务机关应在企业停止生产、经营之日起 60 日内完成对企业申报资料的审核及办结税款多退少补事项。

（5）办理流程

1）受理环节。

①审核企业报送资料是否齐全、合法、有效，《外商投资企业和外国企业所得税年度申报表》（B 类）填写是否完整准确，签章是否齐全。

②审核《外商投资企业和外国企业所得税年度申报表》（B 类）的填报内容与附报资料相关内容是否相符。

③审核企业申报的减免税优惠与系统比对是否相符。

④审核企业申报的已预缴税款信息与系统比对是否一致。

⑤对审核无误的，在《外商投资企业和外国企业所得税年度申报表》（B 类）上签字、加盖印章，一份留存，一份给纳税人。

⑥将审核后的企业所得税年度申报数据导入或录入系统。

⑦纳税人提交资料不全、填报内容不符合规定或系统比对不符的，应当场一次性告知纳税人补正或重新填报。

审核无误后，将纳税人报送的所有资料转下一环节。

2）后续环节。接收上一环节转来的信息资料，主要审核企业已预缴所得税的完税信息，确认其实际预缴的税额。

根据审核结果，结合季度所得税申报表及日常征管情况，对企业报送的年度申报表进行初步审核后，在 5 月底前，对应补缴所得税、应办理退税的企业发送《外商投资企业和外国企业汇算清缴涉税事项通知书》，办理税款多退少补事宜。

17. 适用于 B 类外商投资企业和外国企业所得税季度纳税申报如何进行?

答:(1)概述

外商投资企业和外国企业在中国境内设立的从事生产、经营的机构、场所应当在季度终了后十五日内向当地税务机关报送预缴所得税申报表。预缴所得税时,应当按季度的实际利润额预缴;按季度实际利润额预缴有困难的,可以按上一年度应纳税所得额的四分之一或者经当地税务机关认可的其他方法分季预缴所得税。

(2)对纳税人的时限要求

季度终了后十五日内申报。

(3)税务机关承诺时限

提供资料完整、填写内容准确、各项手续齐全、无违章问题,符合受理条件的当场受理申报。

(4)办理流程

1)审核企业报送资料是否齐全、合法、有效,《外商投资企业和外国企业所得税季度申报表》(B 类)填写是否完整准确,签章是否齐全。

2)对审核无误的,在《外商投资企业和外国企业所得税季度申报表》(B 类)上签字、加盖印章,一份留存,一份给纳税人。

3)将审核后的企业所得税年度申报数据录入系统(网上申报除外)。

4)纳税人提交资料不全或者填报内容不符合规定的,应当场一次性告知纳税人补正或重新填报。

18. 外商投资企业和外国企业所得税清算如何进行申报?

答:(1)概述

外商投资企业进行清算时,以清算期间作为一个纳税年度,并应在办理工商注销登记之前,向当地税务机关办理所得税申报。申报时以其资产净额或者剩余财产减除企业未分配利润、各项基金和清算费用后的余额，超过实缴资本的部分为清算所得，依照税法规定缴纳所得税。

（2）纳税人应提供的资料

1）中国注册会计师的查账报告。

2）清算资产会计报表。

（3）对纳税人的时限要求

办理工商注销登记之前。

（4）税务机关承诺时限

提供资料完整、填写内容准确、各项手续齐全、无违章问题，符合受理条件的当场受理申报。

（5）办理流程

1）审核企业报送资料是否齐全、合法、有效，《外商投资企业清算所得税申报表》填写是否完整准确，签章是否齐全。

2）审核纳税人《外商投资企业清算所得税申报表》填写内容与附报资料是否相符。

3）对审核无误的，在《外商投资企业清算所得税申报表》上签字、加盖印章，一份留存，一份给纳税人。

4）将审核后的企业所得税年度申报数据录入系统。

5）纳税人提交资料不全或者填报内容不符合规定的，应当场一次性告知纳税人补正或重新填报。

19. 扣缴外国企业所得税如何进行申报？

答：（1）概述

外国企业在中国境内未设立机构、场所，而有取得的来源于中国境内的利润、利息、租金、特许权使用费和其他所得，或者虽设立机构、场所，但上述所得与其机构、场所没有实际联系的，都应当按规定缴纳所得税，并以实际受益人为纳税义务人，以支付人为扣缴义务人。税款由支付人在每次支付的款额中扣缴。扣缴义务人每次所扣的税款，应当于五日内缴入国库，并向当地税务机关报送扣缴所得税报告表。

对外国企业在中国境内从事建筑、安装、装配、勘探等工程作业和提供咨询、管理、培训等劳务活动的所得，税务机关可以指定工程价款或者劳务费的支付人为所得税的扣缴义务人。

（2）对纳税人的时限要求

税款由支付人在每次支付的款额中扣缴。扣缴义务人每次所扣的税款，应当于五日内缴入国库，并向当地税务机关报送扣缴所得税报告表。

（3）税务机关承诺时限

提供资料完整、填写内容准确、各项手续齐全、无违章问题，符合受理条件的当场受理申报。

（4）办理流程

1）审核企业报送的《扣缴外国企业所得税报告表》填写内容是否完整，计算是否准确，签章是否齐全。

2）对审核无误的，在《扣缴外国企业所得税报告表》上签字、加盖印章，一份留存，一份给企业。

3）将审核后的《扣缴外国企业所得税报告表》申报数据录入系统。

4）对《扣缴外国企业所得税报告表》填报内容不符合规定的，应当场一次性告知纳税人补正或重新填报。

20. 企业对外报送哪些财务会计报表？

答：（1）概述

纳税人应定期向税务机关报送财务会计报表，税务机关对财务会计报表数据进行接收、处理及应用维护。财务会计报表是指会计制度规定编制的资产负债表、利润表、现金流量表和相关附表。

（2）纳税人应提供的资料

《财务会计报表》。

（3）对纳税人的时限要求

按季度报送的在季度终了后15日内报送；按年度报送的内资企业在年度终了后45天，外商投资企业和外国企业在年度终了后4个月内报送。

（4）税务机关承诺时限

提供的资料完整、各项手续齐全的，当场接收。

（5）办理流程

1）审核《财务会计报表》的内容是否完整准确，印章是否齐全。

2）纸质资料不全或者填写内容不符合规定的，应当场一次性告知纳税人补正或重新填报。

3）符合条件的，受理纳税人报送的财务会计报表。

21. 储蓄存款利息所得扣缴个人所得税应怎样申报？

答：（1）概述

根据国务院《对储蓄存款利息所得征收个人所得税的实施办法》的规定，凡个人直接从各商业银行、城市信用合作社、农村信用合作社办理储蓄业务的机构以及邮政企业依法办理储蓄业务的机构取得的储蓄存款利息所得，应按照《实施办法》的有关规定计算缴纳储蓄存款利息所得个人所得税，由储蓄机构扣缴并每月向所在地主管税务机关办理储蓄存款利息所得扣缴个人所得税申报。

（2）对纳税人的时限要求

储蓄存款利息所得个人所得税纳税期限为1个月，扣缴义务人应于期满7日内申报应纳税款。

（3）税务机关承诺时限

提供资料完整、填写内容准确、各项手续齐全、无违章问题，符合受理条件的当场办结。

（4）办理流程

1）审核申报资料是否齐全，项目填写是否规范、完整。对资料不齐全或内容不正确的，退纳税人更正后再进行纳税申报。

2）对审核无误的，在CTAIS中录入纳税人申报资料，申报表保存成功后，系统产生申报信息和应征信息，产生应征税款的作税款征收处理，产生多缴税款可以作退税或抵税处理。在申报表税务机关接收栏签收并加盖"已申报"印戳后，退申报表给纳税人。

22. 外贸企业怎样申报对外修理修配出口货物退税?

答:(1)概述

对外修理修配是指企业耗用国内生产的零部件及原材料为外商修理船舶或其他设备等的业务。外贸企业承接对外修理修配业务后委托生产企业进行修理修配业务的,可在修理修配货物报关出口并在财务上做销售核算后,凭有关凭证在规定的期限内向所在地主管出口退税的税务机关申报退税。

(2)纳税人应提供的资料

1)出口货物退(免)税正式申报电子数据。

2)生产企业开具的修理修配增值税专用发票(抵扣联)。

3)加盖海关验讫章的修理修配货物复出境的出口货物报关单(出口退税专用)。

4)外贸企业对外开具的修理修配发票或出口发票。

5)外贸企业与外商签署的修理修配合同。

6)出口收汇核销单(出口退税专用)(准予在180天内提交出口收汇核销单的,可在规定的时间内提交)或远期收汇证明(进行外汇管理改革的试点地区企业申报时不需提供纸质核销单)。

(3)对纳税人的时限要求

外贸企业应在修理修配的货物复出口之日(以出口货物报关单《出口退税专用》上注明的出口日期为准)起90日内,向主管出口退税的税务机关申报办理出口货物退(免)税手续。出口企业提出书面合理理由并经地市以上(含地市)税务机关核准后,可在核准的期限内申报办理退(免)税。

(4)税务机关承诺时限

提供资料完整、填写内容准确、各项手续齐全的,当即予以受理,并在2个工作日内转下一环节。对单证齐全真实,且电子信息核对无误的,必须在20个工作日内办完退税审核、审批手续。

(5)办理流程

1)受理环节。

①对外贸企业申报的承接对外修理修配业务退（免）税资料进行初审，经初步审核，提供的申报资料准确、纸质凭证齐全的，接受该笔对外修理修配业务的退（免）税申报，制作回执交给申报人。

②对提供的申报资料不准确、纸质凭证不齐全的，不予接受该笔承接对外修理修配业务的退（免）税申报，并当场一次性告知需补正的资料。

③将企业申报的出口退（免）税数据读入出口退税审核系统。

将全部受理资料转下一环节。

2）后续环节。接收上一环节转来的资料，进行人工审核和计算机审核，主要审核以下内容：

①人工审核。税务机关受理出口货物退（免）税申报后，应在规定的时间内，对申报凭证、资料的合法性、准确性进行审查，并核实申报数据之间的逻辑对应关系。

②计算机审核。税务机关人工审核后，应当进行计算机审核，将企业申报出口货物退（免）税提供的电子数据、凭证、资料与国家税务总局及有关部门传递的出口货物报关单、出口收汇核销单、代理出口证明、增值税专用发票、消费税税收（出口货物专用）缴款书等电子信息进行核对。

通过以上审核，确定审批结果，签署审批意见，将审批结果送达纳税人。

23. 外贸企业怎样申报对外承包工程出口货物退税？

答：（1）概述

对外承包工程是指我国对外承包公司承揽的外国政府、国际组织或国外客户、公司为主的建设项目，以及物资采购和其他承包业务。对外承包工程公司运出境外用于工程项目的设备、原材料、施工机械等货物，可在货物报关离境后，凭有关凭证在规定的期限内向所在地主管税务机关退税部门申报退税。

（2）纳税人应提供的资料

1）出口货物退（免）税正式申报电子数据。

2）购进出口货物的增值税专用发票（抵扣联）或普通发票。

3）加盖海关验讫章的出口货物报关单（出口退税专用）。

4）对外承包工程合同（原件及复印件）。

5）消费税《税收（出口货物专用）缴款书》或《出口货物完税分割单》（出口消费税应税货物的提供）。

（3）对纳税人的时限要求

外贸企业应在货物报关出口之日（以出口货物报关单《出口退税专用》上注明的出口日期为准）起 90 日内，向所在地主管税务机关退税部门申报办理出口货物退（免）税手续。出口企业提出书面合理理由并经地市以上（含地市）税务机关核准后，可在核准的期限内申报办理退（免）税。

（4）税务机关承诺时限

提供资料完整、填写内容准确、各项手续齐全的，当即予以受理，并在 2 个工作日内转下一环节。对单证齐全真实，且电子信息核对无误的，必须在 20 个工作日内办完退税审核、审批手续。

（5）办理流程

1）受理环节。

①对外贸企业申报的对外承包工程退（免）税资料进行初审，经初步审核，提供的申报资料准确、纸质凭证齐全的，接受该笔出口业务的退（免）税申报，制作回执交给申报人。

②对提供的申报资料不准确、纸质凭证不齐全的，不予接受该笔出口业务的退（免）税申报，并要当即向申报人提出改正、补充资料的要求。

③纸质申报资料符合要求的，将企业申报的出口货物退（免）税申报电子数据读入出口退税审核系统。

将全部受理资料转下一环节。

2）后续环节。接收上一环节转来的资料，进行人工审核和计算机审核，主要审核以下内容：

①人工审核。税务机关受理出口货物退（免）税申报后，应在规定的时间内，对申报凭证、资料的合法性、准确性进行审查，并核实

申报数据之间的逻辑对应关系。

　　②计算机审核。税务机关人工审核后，应当进行计算机审核，将企业申报出口货物退（免）税提供的电子数据、凭证、资料与国家税务总局及有关部门传递的出口货物报关单、出口收汇核销单、代理出口证明、增值税专用发票、消费税税收（出口货物专用）缴款书等电子信息进行核对。

　　通过以上审核，确定审批结果，签署审批意见，将审批结果送达纳税人。

24. 外贸企业自营出口或委托其他外贸企业代理出口货物怎样进行出口货物退税申报？

　　答：（1）概述

　　外贸企业自营或委托出口的货物，除另有规定者外，可在货物报关出口并在财务上做销售核算后，凭有关凭证在规定的期限内向所在地主管税务机关退税部门申报退税。

　　（2）纳税人应提供的资料

　　1）出口货物退（免）税正式申报电子数据。

　　2）购进出口货物的增值税专用发票（抵扣联）或增值税专用发票分批申报单。

　　3）加盖海关验讫章的出口货物报关单（出口退税专用）。

　　4）加盖外汇管理部门已收汇核销章的出口收汇核销单（出口退税专用）（准予在180天内提交出口收汇核销单的，可在规定的时间内提交）或远期收汇证明（进行外汇管理改革的试点地区企业申报时不需提供纸质核销单）。

　　5）消费税《税收（出口货物专用）缴款书》或《出口货物完税分割单》（出口消费税应税货物的提供）。

　　6）《代理出口货物证明》和代理出口协议（委托代理出口业务的提供）。

（3）对纳税人的时限要求

外贸企业应在货物报关出口之日（以出口货物报关单《出口退税专用》上注明的出口日期为准）起 90 日内，向所在地主管税务机关退税部门申报办理出口货物退（免）税手续。出口企业提出书面合理理由并经地市以上（含地市）税务机关核准后，可在核准的期限内申报办理退（免）税。

（4）税务机关承诺时限

提供资料完整、填写内容准确、各项手续齐全的，当即予以受理，并在 2 个工作日内转下一环节。对单证齐全真实，且电子信息核对无误的，必须在 20 个工作日内办完退税审核、审批手续。

（5）办理流程

1）受理环节。

①对出口企业申报的出口退（免）税资料进行初审，经初步审核，提供的申报资料准确、纸质凭证齐全的，接受该笔出口货物的退（免）税申报，制作回执交给申报人。

②对出口企业提供的申报资料不准确、纸质凭证不齐全的，不予接受该笔出口货物的退（免）税申报，并当场一次性告知需补正的资料。

③将出口企业申报的出口退（免）税数据读入出口退税审核系统。将全部受理资料转下一环节。

2）后续环节。接收上一环节转来的资料，进行人工审核和计算机审核，主要审核以下内容：

①人工审核。税务机关受理出口货物退（免）税申报后，应在规定的时间内，对申报凭证、资料的合法性、准确性进行审查，并核实申报数据之间的逻辑对应关系。

②计算机审核。税务机关人工审核后，应当进行计算机审核，将企业申报出口货物退（免）税提供的电子数据、凭证、资料与国家税务总局及有关部门传递的出口货物报关单、出口收汇核销单、代理出口证明、增值税专用发票、消费税税收（出口货物专用）缴款书等电子信息进行核对。

通过以上审核，确定审批结果，签署审批意见，将审批结果送达纳税人。

25. 外贸企业怎样申报对外实物投资出口货物退税？

答：（1）概述

出口企业在国内采购运往境外作为在国外投资的货物，在货物报关出口后，可向所在地主管税务机关退税部门申请退税。

（2）纳税人应提供的资料

1）出口货物退（免）税正式申报电子数据。

2）购进出口货物的增值税专用发票（抵扣联）。

3）加盖海关验讫章的出口货物报关单（出口退税专用）。

4）商务部及其授权单位批准其在国外投资的文件（复印件）。

5）在国外办理的企业注册登记副本和有关合同副本。

6）出口消费税应税货物的还应提交消费税专用缴款书或消费税完税分割单。

（3）对纳税人的时限要求

外贸企业应在货物报关出口之日（以出口货物报关单《出口退税专用》上注明的出口日期为准）起 90 日内，向所在地主管税务机关退税部门申报办理出口货物退（免）税手续。出口企业提出书面合理理由并经地市以上（含地市）税务机关核准后，可在核准的期限内申报办理退（免）税。

（4）税务机关承诺时限

提供资料完整、填写内容准确、各项手续齐全的，当即予以受理，并在 2 个工作日内转下一环节。对单证齐全真实，且电子信息核对无误的，必须在 20 个工作日内办完退税审核、审批手续。

（5）办理流程

1）受理环节。

①对外贸企业申报的对外实物投资退（免）税资料进行初审，经初步审核，提供的申报资料准确、纸质凭证齐全的，接受该笔出口货物的退（免）税申报，制作回执交给申报人。

②对外贸企业提供的申报资料不准确、纸质凭证不齐全的，不予接受该笔出口货物的退（免）税申报，并当场一次性告知需补正的资料。

③将企业申报的出口退（免）税数据读入出口退税审核系统。

将全部受理资料转下一环节。

2）后续环节。接收上一环节转来的资料，进行人工审核和计算机审核，主要审核以下内容：

①人工审核。税务机关受理出口货物退（免）税申报后，应在规定的时间内，对申报凭证、资料的合法性、准确性进行审查，并核实申报数据之间的逻辑对应关系。

②计算机审核。税务机关人工审核后，应当进行计算机审核，将企业申报出口货物退（免）税提供的电子数据、凭证、资料与国家税务总局及有关部门传递的出口货物报关单、出口收汇核销单、代理出口证明、增值税专用发票、消费税税收（出口货物专用）缴款书等电子信息进行核对。

通过以上审核，确定审批结果，签署审批意见，将审批结果送达纳税人。

26. 怎样申报外贸企业境外带料加工装配出口货物退税？

答：（1）概述

境外带料加工装配是指我国企业以现有技术、设备投资为主，在境外以加工装配的形式，带动和扩大国内设备、技术、零部件、原材料出口的国际经贸合作方式。对境外带料加工装配业务所使用（含实物性投资）的出境设备、原材料和散件，按国家统一规定的退税率实行出口退税。

（2）纳税人应提供的资料

1）出口货物退（免）税正式申报电子数据。

2）购进出口货物的增值税专用发票（抵扣联），进口设备为海关代征增值税专用缴款书。

3）加盖海关验讫章的出口货物报关单（出口退税专用）。

4）境外带料加工装配企业批准证书（复印件）。

5）消费税《税收（出口货物专用）缴款书》或《出口货物完税分割单》（出口消费税应税货物的提供）。

（3）对纳税人的时限要求

外贸企业应在货物报关出口之日（以出口货物报关单《出口退税专用》上注明的出口日期为准）起90日内，向所在地主管税务机关退税部门申报办理出口货物退（免）税手续。出口企业提出书面合理理由并经地市以上（含地市）税务机关核准后，可在核准的期限内申报办理退（免）税。

（4）税务机关承诺时限

提供资料完整、填写内容准确、各项手续齐全的，当即予以受理，并在2个工作日内转下一环节；对单证齐全真实，且电子信息核对无误的，必须在20个工作日内办完退税审核、审批手续。

（5）办理流程

1）受理环节。

①对外贸企业申报的境外带料加工装配业务退（免）税资料进行初审，经初步审核，提供的申报资料准确、纸质凭证齐全的，接受该笔出口业务的退（免）税申报，制作回执交给申报人。

②对提供的申报资料不准确、纸质凭证不齐全的，不予接受该笔出口业务的退（免）税申报，并当场一次性告知需补正的资料。

③将企业申报的出口退（免）税数据录入出口退税审核系统。

将全部受理资料转下一环节。

2）后续环节。接收上一环节转来的资料，进行人工审核和计算机审核，主要审核以下内容：

①人工审核。税务机关受理出口货物退（免）税申报后，应在规定的时间内，对申报凭证、资料的合法性、准确性进行审查，并核实申报数据之间的逻辑对应关系。

②计算机审核。税务机关人工审核后，应当进行计算机审核，将企业申报出口货物退（免）税提供的电子数据、凭证、资料与国家税务总局及有关部门传递的出口货物报关单、出口收汇核销单、代理出

口证明、增值税专用发票、消费税税收（出口货物专用）缴款书等电子信息进行核对。

通过以上审核，确定审批结果，签署审批意见，将审批结果送达纳税人。

27. 外贸企业怎样申报利用国际金融组织或外国政府贷款采取国际招标方式由国内企业中标销售的机电产品出口货物退税？

答：（1）概述

中标机电产品是指利用国际金融组织，包括国际货币基金组织、世界银行（包括国际复兴开发银行、国际开发协会）、联合国农业发展基金、亚洲开发银行和外国政府贷款，由中国招标组织在国际上进行招标，国内生产企业、外贸企业或工贸公司中标，在国内生产或委托生产、加工或收购的机电产品。由外国企业中标再分包给国内企业供应的机电产品，视同国内企业中标机电产品。招标单位须在招标前将贷款的性质、规模、项目等经当地国家税务局上报国家税务总局核准后，其中标的机电产品，方可办理退税。招标单位须在招标完毕后，填写《中标证明通知书》并报所在地税务机关，由税务机关签署意见后直接寄送给中标企业所在地税务机关，中标企业所在地税务机关方能根据国家税务总局的有关政策规定办理退税。

（2）纳税人应提供的资料

1）出口货物退（免）税正式申报电子数据。

2）招标单位所在地主管税务机关签发的《中标证明通知书》。

3）由中国招标公司或其他国内招标组织签发的中标证明（正本）。

4）中标人与供货企业签订的收购合同（或协议）。

5）中标人与中国招标公司或其他招标组织签订的供货合同。

6）中标货物的购进增值税专用发票（税款抵扣联）。

7）中标货物若为消费税应税货物，还应提交消费税专用缴款书。

8）中标人按照标书规定及供货合同向用户发货的发货单。

9）销售中标机电产品的普通发票或出口发票。

10）中标机电产品用户招标产品的收货清单。

11）国外企业中标再分包给国内贸易企业供应的机电产品，还应提交与中标人签署的分包合同（或协议）。

（3）对纳税人的时限要求

对中标机电产品，外贸企业应自购买产品开具增值税专用发票的开票之日起 90 日内，向主管退税的税务机关申报办理出口货物退（免）税手续。出口企业提出书面合理理由并经地市以上（含地市）税务机关核准后，可在核准的期限内申报办理退（免）税。

（4）税务机关承诺时限

提供资料完整、填写内容准确、各项手续齐全的，当即予以受理，并在 2 个工作日内转下一环节。对单证齐全真实，且电子信息核对无误的，必须在 20 个工作日内办完退税审核、审批手续。

（5）办理流程

1）受理环节。

①对外贸企业申报的中标机电产品退（免）税资料进行初审，经初步审核，提供的申报资料准确、纸质凭证齐全的，接受该笔中标机电产品的退（免）税申报，制作回执交给申报人。

②对提供的申报资料不准确、纸质凭证不齐全的，不予接受该笔中标机电产品的退（免）税申报，并当场一次性告知需补正的资料。

③将企业申报的出口退（免）税数据读入出口退税审核系统。

将全部受理资料转下一环节。

2）后续环节。接收上一环节转来的资料，进行人工审核和计算机审核，主要审核以下内容：

①人工审核。税务机关受理出口货物退（免）税申报后，应在规定的时间内，对申报凭证、资料的合法性、准确性进行审查，并核实申报数据之间的逻辑对应关系。

②计算机审核。税务机关人工审核后，应当进行计算机审核，将企业申报出口货物退（免）税提供的电子数据、凭证、资料与国家税务总局及有关部门传递的出口货物报关单、出口收汇核销单、代理出口证明、增值税专用发票、消费税税收（出口货物专用）缴款书等电

子信息进行核对。

通过以上审核，确定审批结果，签署审批意见，将审批结果送达纳税人。

28. 怎样申报外轮供应公司、远洋运输供应公司销售给外轮远洋国轮的货物出口货物退税？

答：（1）概述

外轮供应公司、远洋运输供应公司销售给外轮、远洋国轮的货物，可凭有关凭证在规定的期限内向主管税务机关退税部门申报退税。

（2）纳税人应提供的资料

1）退（免）税正式申报电子数据。

2）经外轮或远洋国轮船长签名的外销发票。

3）外汇收入凭证。

4）购进视同出口货物的增值税专用发票（抵扣联）。

5）出口消费税应税货物的还应提交消费税专用缴款书或消费税完税分割单。

（3）对纳税人的时限要求

外轮供应公司、远洋运输供应公司应自购买货物开具增值税专用发票的开票之日起 90 日内，向主管税务机关退税部门申报办理退税手续。企业提出书面合理理由并经地市以上（含地市）税务机关核准后，可在核准的期限内申报办理退（免）税。

（4）税务机关承诺时限

提供资料完整、填写内容准确、各项手续齐全的，在 2 个工作日内转下一环节。对单证齐全真实，且电子信息核对无误的，必须在 20 个工作日内办完退税审核、审批手续。

（5）办理流程

1）受理环节。

①对外轮供应公司、远洋运输供应公司申报的退（免）税资料进行初审，经初步审核，提供的申报资料准确、纸质凭证齐全的，接受

该笔退（免）税申报，制作回执交给申报人。

②对提供的申报资料不准确、纸质凭证不齐全的，不予接受该笔退（免）税申报，并要当即向申报人提出改正、补充资料的要求。

③将企业申报的退（免）税数据读入出口退税审核系统。

将全部受理资料转下一环节。

2）后续环节。接收上一环节转来的资料，进行人工审核和计算机审核，主要审核以下内容：

①人工审核。税务机关受理出口货物退（免）税申报后，应在规定的时间内，对申报凭证、资料的合法性、准确性进行审查，并核实申报数据之间的逻辑对应关系。

②计算机审核。税务机关人工审核后，应当进行计算机审核，将企业申报退（免）税提供的电子数据、凭证、资料与增值税专用发票、消费税税收（出口货物专用）缴款书等电子信息进行核对。

通过以上审核，确定审批结果，签署审批意见，将审批结果送达纳税人。

29. 外贸企业利用中国政府的援外优惠贷款和援外合资合作项目基金援外方式下出口货物退税政策是什么？

答：（1）概述

对外贸企业利用中国政府的援外优惠贷款和合资合作项目基金方式下出口的货物，比照一般贸易出口，实行出口退税政策。

（2）纳税人应提供的资料

1）出口货物退（免）税正式申报电子数据。

2）出口发票。

3）商务部批准使用援外优惠贷款的批文《援外任务书》复印件或商务部批准使用援外合资合作项目基金的批文《援外任务书》复印件。

4）与中国进出口银行签订的"援外优惠贷款协议"复印件或与商务部有关部门签订的"援外合资合作项目基金借款合同"复印件（对利用中国政府援外优惠贷款采用转贷方式出口的货物，援外出口企业在申请退税时可免予提供与中国进出口银行的贷款协议，但要附送援外出口企业与受援国业主签订的出口合同和中国进出口银行开具给税务机关的证明出口企业转贷业务的证明。在项目执行完毕后，援外出口企业还要提供中国进出口银行向其支付货款的付款凭证）。

5）购进出口货物的增值税专用发票（抵扣联）。

6）加盖海关验讫章的出口货物报关单（出口退税专用）。

7）消费税《税收（出口货物专用）缴款书》或《出口货物完税分割单》（出口消费税应税货物的提供）。

（3）对纳税人的时限要求

援外企业应在货物报关出口之日（以出口货物报关单《出口退税专用》上注明的出口日期为准）起90日内，向主管出口退税的税务机关申报办理出口货物退（免）税手续。出口企业提出书面合理理由并经地市以上（含地市）税务机关核准后，可在核准的期限内申报办理退（免）税。

（4）税务机关承诺时限

提供资料完整、填写内容准确、各项手续齐全的，当即予以受理，并在2个工作日内转下一环节。对单证齐全真实，且电子信息核对无误的，必须在20个工作日内办完退税审核、审批手续。

（5）办理流程

1）受理环节。

①对援外企业申报的退（免）税资料进行初审，经初步审核，提供的申报资料准确、纸质凭证齐全的，接受该笔出口业务的退（免）税申报，制作回执交给申报人。

②对提供的申报资料不准确、纸质凭证不齐全的，不予接受该笔出口货物的退（免）税申报，并当场一次性告知需补正的资料。

③将企业申报的出口退（免）税数据录入出口退税审核系统。

将全部受理资料转下一环节。

2）后续环节。接收上一环节转来的资料，进行人工审核和计算机审核，主要审核以下内容：

①人工审核。税务机关受理出口货物退（免）税申报后，应在规

定的时间内，对申报凭证、资料的合法性、准确性进行审查，并核实申报数据之间的逻辑对应关系。

②计算机审核。税务机关人工审核后，应当进行计算机审核，将企业申报出口货物退（免）税提供的电子数据、凭证、资料与国家税务总局及有关部门传递的出口货物报关单、出口收汇核销单、代理出口证明、增值税专用发票、消费税税收（出口货物专用）缴款书等电子信息进行核对。

通过以上审核，确定审批结果，签署审批意见，将审批结果送达纳税人。

30. 怎样申报外国驻华使（领）馆及其外交代表购买列名的中国产品出口货物退税？

答：（1）概述

外国驻华使（领）馆及其外交代表（领事官员）和非中国公民且不在中国永久居住的行政技术人员在华购买的物品和劳务，中华人民共和国政府在对等原则的基础上，予以退还增值税。享受退税的物品及劳务，是指《中华人民共和国增值税暂行条例》规定的属于增值税征收范围，按现行规定征收增值税，且购买物品和劳务的单张发票金额合计等于或高于 800 元人民币的物品及劳务。申报退税的自来水、电、煤气、暖气的发票和修理修配劳务的发票无最低限额要求。

（2）纳税人应提供的资料

1）水、电、煤气、热力公司为使（领）馆及馆长住宅提供水、电、煤气、热力的普通发票。该普通发票的开具范围，由外交部提供使（领）馆及馆长住宅名单并由国家税务总局予以确认。消费自来水、电、煤气、暖气的发票，如不是水、电、煤气、热力公司开具的，而是由物业公司开具的，物业公司需在发票中注明自来水、电、煤气、热水、暖气实际消费的数量或供暖面积。

2）由外国驻华使（领）馆汇总填具的经有关使（领）馆馆长或指定的外交官员（领事官员）签字并经外交部礼宾司、领事司审核、登记签章的《外国驻华使（领）馆退税申请表》。

3）购进物品或劳务的普通发票原件（或复印件）。建造或装修使（领）馆馆舍的建筑材料、设备，须提供由在中国境内注册的会计师事务所出具的《基本建设工程竣工决算审核报告》，免予提供普通发票。

（3）对纳税人的时限要求

享受退税单位和人员的退税申报，由外国驻华使（领）馆按季度（以发票开具日期或《基本建设工程竣工决算审核报告》的签发日期为准）汇总其使（领）馆应退税额。本季度最后十天所购物品及劳务，可与下季度所购物品及劳务一并申报退税。

（4）税务机关承诺时限

提供资料完整、填写内容准确、各项手续齐全的，当即予以受理，并在2个工作日内转下一环节。对单证齐全真实，且电子信息核对无误的，必须在20个工作日内办完退税审核、审批手续。

（5）办理流程

1）受理环节。

①对申报人提供的退（免）税申报资料进行初审，经初步审核，提供的申报资料准确、纸质凭证齐全的，接受该笔退（免）税申报，制作回执交给申报人。

②对申报人提供的申报资料不准确、纸质凭证不齐全的，不予接受该笔退（免）税申报，并当场一次性告知需补正的资料。

③将企业申报的退（免）税数据录入系统。

将全部受理资料转下一环节。

2）后续环节。接收上一环节转来的资料，税务机关应在规定的时间内，对申报凭证、资料的合法性、准确性进行审查，并核实申报数据之间的逻辑对应关系。

通过以上审核，确定审批结果，签署审批意见，将审批结果送达纳税人。

31. 中国免税品总公司统一采购专供出境口岸免税店销售的国产商品，其出口货物退税政策是什么？

答：(1) 概述

经国务院批准，对纳入中国免税品（集团）总公司统一经营、统一组织进货、统一制定零售价格、统一管理的，在对外开放的机场、港口、火车站、陆路边境口岸、出境飞机、火车、轮船上经批准设立的出境免税店以及供应国际航行船舶的免税店部分国产品实行退税政策。

(2) 纳税人应提供的资料

1) 出口货物退（免）税正式申报电子数据。

2) 中国免税品公司购进货物的增值税专用发票（抵扣联）；申请退还消费税的还应提供消费税税收专用税票或完税分割单。

3) 加盖有"中国免税品（集团）总公司报关专用章"和海关"验讫章"的国产品进入免税店保税库的出口货物报关单（出口退税专用）。

(3) 对纳税人的时限要求

免税店应在货物报关出口之日（以出口货物报关单《出口退税专用》上注明的出口日期为准）起 90 日内，向所在地主管税务机关退税部门申报办理出口货物退（免）税手续。出口企业提出书面合理理由并经地市以上（含地市）税务机关核准后，可在核准的期限内申报办理退（免）税。

(4) 税务机关承诺时限

提供资料完整、填写内容准确、各项手续齐全的，当即予以受理，并在 2 个工作日内转下一环节。对单证齐全真实，且电子信息核对无误的，必须在 20 个工作日内办完退税审核、审批手续。

(5) 办理流程

1) 受理环节。

①对免税店申报的退税资料进行初审，经初步审核，提供的申报资料准确、纸质凭证齐全的，接受该笔出口货物的退税申报，制作回

执交给申报人。

②对免税店提供的申报资料不准确、纸质凭证不齐全的，不予接受该笔出口货物的退税申报，并当场一次性告知需补正的资料。

③将企业申报的出口退（免）税数据录入出口退税审核系统。

将全部受理资料转下一环节。

2）后续环节。接收上一环节转来的资料，进行人工审核和计算机审核，主要审核以下内容：

①人工审核。税务机关受理出口货物退（免）税申报后，应在规定的时间内，对申报凭证、资料的合法性、准确性进行审查，并核实申报数据之间的逻辑对应关系。

②计算机审核。税务机关人工审核后，应当进行计算机审核，将企业申报出口货物退（免）税提供的电子数据、凭证、资料与国家税务总局及有关部门传递的出口货物报关单、增值税专用发票、消费税税收（出口货物专用）缴款书等电子信息进行核对。

通过以上审核，确定审批结果，签署审批意见，将审批结果送达纳税人。

32. 生产企业对外修理修配出口货物退税怎样申报？

答：（1）概述

对外修理修配是指企业耗用国内生产的零部件及原材料为外商修理船舶或其他设备等的业务。企业承接对外修理修配业务后委托生产企业进行修理修配业务的，可在修理修配货物报关出口并在财务上做销售核算后，凭有关凭证在规定的期限内向所在地主管出口退税的税务机关申报退税。生产企业承接对外修理修配业务实行"免、抵、退"税政策。

（2）纳税人应提供的资料

1）出口货物退（免）税正式申报电子数据。

2）开给外方的修理修配发票或出口发票。

3）加盖海关验讫章的修理修配货物复出境的出口货物报关单（出口退税专用）。

4）与外商签订的修理修配合同。

5）出口收汇核销单（出口退税专用）（准予在 180 天内提交出口收汇核销单的，可在规定的时间内提交）或远期收汇证明（进行外汇管理改革的试点地区企业申报时不需提供纸质核销单）。

6）已用于修理修配的零部件、原材料等的出库单。

（3）对纳税人的时限要求

生产企业应在货物报关出口之日（以出口货物报关单《出口退税专用》上注明的出口日期为准）起 90 日内，向所在地主管出口退税的税务机关申报办理出口货物"免、抵、退"税手续。如果其到期之日超过了当月的"免、抵、退"税申报期的，应当在次月"免、抵、退"税申报期内申报"免、抵、退"税。出口企业提出书面合理理由并经地市以上（含地市）税务机关核准后，可在核准的期限内申报办理退（免）税。

（4）税务机关承诺时限

提供资料完整、填写内容准确、各项手续齐全的，当即予以受理，并在 2 个工作日内转下一环节。对单证齐全真实，且电子信息核对无误的，必须在 20 个工作日内办完退税审核、审批手续。

（5）办理流程

1）受理环节。

①对生产企业申报的承接对外修理修配业务退（免）税资料进行初审，经初步审核，提供的申报资料准确、纸质凭证齐全的，接受该笔对外修理修配业务的退（免）税申报，制作回执交给申报人。

②对提供的申报资料不准确、纸质凭证不齐全的，不予接受该笔承接对外修理修配业务的退（免）税申报，并当场一次性告知需补正的资料。

③将企业申报的出口退（免）税数据读入出口退税审核系统。

将全部受理资料转下一环节。

2）后续环节。接收上一环节转来的资料，进行人工审核和计算机审核，主要审核以下内容：

①人工审核。税务机关受理出口货物退（免）税申报后，应在规

定的时间内，对申报凭证、资料的合法性、准确性进行审查，并核实申报数据之间的逻辑对应关系。

②计算机审核。税务机关人工审核后，应当进行计算机审核，将企业申报出口货物退（免）税提供的电子数据、凭证、资料与国家税务总局及有关部门传递的出口货物报关单、出口收汇核销单、代理出口证明、增值税专用发票、消费税税收（出口货物专用）缴款书等电子信息进行核对。

通过以上审核，确定审批结果，签署审批意见，将审批结果送达纳税人。

33. 怎样申报生产企业境外带料加工装配出口货物退税？

答：（1）概述

境外带料加工装配是指我国企业以现有技术、设备投资为主，在境外以加工装配的形式，带动和扩大国内设备、技术、零部件、原材料出口的国际经贸合作方式。对境外带料加工装配业务所使用（含实物性投资）的出境设备、原材料和散件，按国家统一规定的退税率实行出口退税。生产企业境外带料加工实行单项退税政策，即按购入出境设备、原材料和散件的增值税专用发票上注明的金额与货物适用退税率计算退（免）税。

（2）纳税人应提供的资料

1）出口货物退（免）税正式申报电子数据。

2）加盖海关验讫章的出口货物报关单（出口退税专用）。

3）境外带料加工装配企业批准证书（复印件）。

4）增值税专用发票（抵扣联）。

5）消费税《税收（出口货物专用）缴款书》或《出口货物完税分割单》（出口消费税应税货物的提供）。

（3）对纳税人的时限要求

生产企业应在向境外投资的货物报关出口之日（以出口货物报关单《出口退税专用》上注明的出口日期为准）起90日内，向主管出口退税的税务机关申报办理出口货物退（免）税手续。出口企业提出书面合理理由并经地市以上（含地市）税务机关核准后，可在核准的期限内申报办理退（免）税。

（4）税务机关承诺时限

提供资料完整、填写内容准确、各项手续齐全的，当即予以受理，并在2个工作日内转下一环节。对单证齐全真实，且电子信息核对无误的，必须在20个工作日内办完退税审核、审批手续。

（5）办理流程

1）受理环节。

①对生产企业申报的出口退（免）税资料进行初审，经初步审核，提供的申报资料准确、纸质凭证齐全的，接受该笔出口货物的退（免）税申报，制作回执交给申报人。

②对提供的申报资料不准确、纸质凭证不齐全的，不予接受该笔出口货物的退（免）税申报，并当场一次性告知需补正的资料。

③将企业申报的出口退（免）税数据录入出口退税审核系统。

将全部受理资料转下一环节。

2）后续环节。接收上一环节转来的资料，进行人工审核和计算机审核，主要审核以下内容：

①人工审核。税务机关受理出口货物退（免）税申报后，应在规定的时间内，对申报凭证、资料的合法性、准确性进行审查，并核实申报数据之间的逻辑对应关系。

②计算机审核。税务机关人工审核后，应当进行计算机审核，将企业申报出口货物退（免）税提供的电子数据、凭证、资料与国家税务总局及有关部门传递的出口货物报关单、出口收汇核销单、代理出口证明、增值税专用发票、消费税税收（出口货物专用）缴款书等电子信息进行核对。

通过以上审核，确定审批结果，签署审批意见，将审批结果送达纳税人。

34. 生产企业对外实物投资出口货物退税怎样申报？扩大增值税抵扣范围政策的企业怎样执行？

答：（1）概述

出口企业在国内采购运往境外作为在国外投资的货物，在货物报关出口后，可向主管税务机关退税部门申请退税。实行扩大增值税抵扣范围政策的企业以实物投资出境的在实行扩大增值税抵扣范围政策以后购进的设备及零部件，实行免、抵、退税的政策。

（2）纳税人应提供的资料

1）出口货物退（免）税正式申报电子数据。

2）商务部及其授权单位批准其在国外投资的文件（复印件）。

3）在国外办理的企业注册登记副本和有关合同副本。

4）加盖海关验讫章的出口货物报关单（出口退税专用）。

（3）对纳税人的时限要求

开展对外实物投资的生产企业应在自货物报关出口之日（以出口货物报关单《出口退税专用》上注明的出口日期为准）起 90 日内，向主管出口退税的税务机关申报办理出口货物退（免）税手续。如果其到期之日超过了当月的"免、抵、退"税申报期的，应当在次月"免、抵、退"税申报期内申报"免、抵、退"税。出口企业提出书面合理理由并经地市以上（含地市）税务机关核准后，可在核准的期限内申报办理退（免）税。

（4）税务机关承诺时限

提供资料完整、填写内容准确、各项手续齐全的，当即予以受理，并在 2 个工作日内转下一环节。对单证齐全真实，且电子信息核对无误的，必须在 20 个工作日内办完退税审核、审批手续。

（5）办理流程

1）受理环节。

①对生产企业申报的对外实物投资退（免）税资料进行初审，经初步审核，提供的申报资料准确、纸质凭证齐全的，接受该笔出口货

物的退（免）税申报，制作回执交给申报人。

②对提供的申报资料不准确、纸质凭证不齐全的，不予接受该笔出口业务的退（免）税申报，并当场一次性告知需补正的资料。

③将企业申报的出口退（免）税数据录入出口退税审核系统。

将全部受理资料转下一环节。

2）后续环节。接收上一环节转来的资料，进行人工审核和计算机审核，主要审核以下内容：

①人工审核。税务机关受理出口货物退（免）税申报后，应在规定的时间内，对申报凭证、资料的合法性、准确性进行审查，并核实申报数据之间的逻辑对应关系。

②计算机审核。税务机关人工审核后，应当进行计算机审核，将企业申报出口货物退（免）税提供的电子数据、凭证、资料与国家税务总局及有关部门传递的出口货物报关单、出口收汇核销单、代理出口证明、增值税专用发票、消费税税收（出口货物专用）缴款书等电子信息进行核对。

通过以上审核，确定审批结果，签署审批意见，将审批结果送达纳税人。

35. 生产企业对外实物投资出口货物退税怎样申报？非扩大增值税抵扣范围政策的企业怎样执行？

答：（1）概述

出口企业在国内采购运往境外作为在国外投资的货物，在货物报关出口后，可向主管税务机关退税部门申请退税。非实行扩大增值税抵扣范围政策的企业，以实物投资出境的购进设备及零部件，实行单项退税政策。

（2）纳税人应提供的资料

1）出口货物退（免）税正式申报电子数据。

2）增值税专用发票（抵扣联）（实行单项退税办法的提供）。

3）加盖海关验讫章的出口货物报关单（出口退税专用）。

4）在国外办理的企业注册登记副本和有关合同副本。

5）商务部及其授权单位批准其在国外投资的文件（复印件）。

6）消费税"税收（出口货物专用）缴款书"或"出口货物完税分割单"（出口消费税应税货物的提供）。

（3）对纳税人的时限要求

开展对外实物投资的生产企业应在自货物报关出口之日（以出口货物报关单《出口退税专用》上注明的出口日期为准）起 90 日内，向主管出口退税的税务机关申报办理出口货物退（免）税手续。出口企业提出书面合理理由并经地市以上（含地市）税务机关核准后，可在核准的期限内申报办理退（免）税。

（4）税务机关承诺时限

提供资料完整、填写内容准确、各项手续齐全的，当即予以受理，并在 2 个工作日内转下一环节。对单证齐全真实，且电子信息核对无误的，必须在 20 个工作日内办完退税审核、审批手续。

（5）办理流程

1）受理环节。

①对生产企业申报的对外实物投资退（免）税资料进行初审，经初步审核，提供的申报资料准确、纸质凭证齐全的，接受该笔出口货物的退（免）税申报，制作回执交给申报人。

②对提供的申报资料不准确、纸质凭证不齐全的，不予接受该笔出口业务的退（免）税申报，并当场一次性告知需补正的资料。

③将企业申报的出口退（免）税数据录入出口退税审核系统。

将全部受理资料转下一环节。

2）后续环节。接收上一环节转来的资料，进行人工审核和计算机审核，主要审核以下内容：

①人工审核。税务机关受理出口货物退（免）税申报后，应在规定的时间内，对申报凭证、资料的合法性、准确性进行审查，并核实申报数据之间的逻辑对应关系。

②计算机审核。税务机关人工审核后，应当进行计算机审核，将企业申报出口货物退（免）税提供的电子数据、凭证、资料与国家税

务总局及有关部门传递的出口货物报关单、出口收汇核销单、代理出口证明、增值税专用发票、消费税税收（出口货物专用）缴款书等电子信息进行核对。

通过以上审核，确定审批结果，签署审批意见，将审批结果送达纳税人。

36. 生产企业自营出口或委托外贸企业代理出口货物怎样申报出口货物退税？

答：（1）概述

生产企业自营或委托外贸企业代理出口自产货物（包括视同自产货物），除另有规定外，可在货物报关出口并在财务上做销售核算后，凭有关凭证在规定的期限内向所在地主管退税的税务机关申报"免、抵、退"税。

（2）纳税人应提供的资料

1）出口货物退（免）税正式申报电子数据。

2）出口货物报关单（出口退税专用）。

3）出口收汇核销单（出口退税专用）（准予在180天内提交出口收汇核销单的，可在规定的时间内提交）或远期收汇证明（进行外汇管理改革的试点地区企业申报时不需提供纸质核销单）。

4）出口发票。

5）有进料加工业务的还应提交：

①《生产企业进料加工登记申报表》。

②《生产企业进料加工进口料件申报明细表》。

③《生产企业进料加工海关登记手册核销申请表》。

④《生产企业进料加工贸易免税证明》。

6）属于委托代理出口业务的还应提供受托外贸企业主管退税的税务机关开具的《代理出口货物证明》。

7）消费税《税收（出口货物专用）缴款书》或出口货物完税分割单（列名生产企业出口外购产品应税消费品的提供）。

（3）对纳税人的时限要求

生产企业应在货物报关出口之日（以出口货物报关单《出口退税专用》上注明的出口日期为准）起 90 日内，向所在地主管出口退税的税务机关申报办理出口货物"免、抵、退"税手续。如果其到期之日超过了当月的"免、抵、退"税申报期的，应当在次月"免、抵、退"税申报期内申报"免、抵、退"税。出口企业提出书面合理理由并经地市以上（含地市）税务机关核准后，可在核准的期限内申报办理退（免）税。

（4）税务机关承诺时限

提供资料完整、填写内容准确、各项手续齐全的，当即予以受理，并在 2 个工作日内转下一环节。对生产企业的"免、抵、退"税申报应该在月底前审核、审批完成。

（5）办理流程

1）受理环节。

①对生产企业申报的出口退税资料进行初审，经初步审核，生产企业提供的申报资料准确、纸质凭证齐全的，接受该笔出口货物的退（免）税申报，制作回执交给申报人。

②对生产企业提供的申报资料不准确、纸质凭证不齐全的，不予接受该笔出口货物的退（免）税申报，并当场一次性告知需补正的资料。

③将企业申报的出口退（免）税数据录入出口退税审核系统。

将全部受理资料转下一环节。

2）后续环节。接收上一环节转来的资料，进行人工审核和计算机审核，主要审核以下内容：

①人工审核。税务机关受理出口货物退（免）税申报后，应在规定的时间内，对申报凭证、资料的合法性、准确性进行审查，并核实申报数据之间的逻辑对应关系。

②计算机审核。税务机关人工审核后，应当进行计算机审核，将企业申报出口货物退（免）税提供的电子数据、凭证、资料与国家税务总局及有关部门传递的出口货物报关单、出口收汇核销单、代理出

口证明、消费税税收（出口货物专用）缴款书等电子信息进行核对。

通过以上审核，确定审批结果，签署审批意见，将审批结果送达纳税人。

37. 生产企业利用国际金融组织或外国政府贷款采取国际招标方式由国内企业中标销售的机电产品出口货物退税怎样申报？

答：（1）概述

中标机电产品是指利用国际金融组织，包括国际货币基金组织、世界银行（包括国际复兴开发银行、国际开发协会）、联合国农业发展基金、亚洲开发银行和外国政府贷款，由中国招标组织在国际上进行招标，国内生产企业、外贸企业或工贸公司中标，在国内生产或委托生产、加工或收购的机电产品。由外国企业中标再分包给国内企业供应的机电产品，视同国内企业中标机电产品。招标单位须在招标前将贷款的性质、规模、项目等经当地国家税务局上报国家税务总局核准后，其中标的机电产品，方可办理退税。招标单位须在招标完毕后，填写《中标证明通知书》并报所在地税务机关，由税务机关签署意见后直接寄送给中标企业所在地税务机关，中标企业所在地税务机关方能根据国家税务总局的有关政策规定办理退（免）税。生产企业利用国际金融组织或外国政府贷款采用国际招标方式国内企业中标或外国企业中标后分包给国内企业的机电产品，实行免、抵、退税管理办法。

（2）纳税人应提供的资料

1）出口货物退（免）税正式申报电子数据。

2）招标单位所在地主管税务机关签发的《中标证明通知书》。

3）由中国招标公司或其他国内招标组织签发的中标证明（正本）。

4）中标人与中国招标公司或其他招标组织签订的供货合同（或协议）。

5）中标人按照标书规定及供货合同向用户发货的发货单。

6）销售中标机电产品的普通发票或出口发票。

7）中标机电产品用户招标产品的收货清单。

8）国外企业中标再分包给国内生产企业供应的机电产品，还应提交与中标人签署的分包合同（或协议）。

（3）对纳税人的时限要求

生产企业应在中标的机电产品报关出口之日（以出口货物报关单《出口退税专用》上注明的出口日期为准）起 90 日内，向所在地主管出口退税的税务机关申报办理出口货物"免、抵、退"税手续。如果其到期之日超过了当月的"免、抵、退"税申报期的，应当在次月"免、抵、退"税申报期内申报"免、抵、退"税。出口企业提出书面合理理由并经地市以上（含地市）税务机关核准后，可在核准的期限内申报办理退（免）税。

（4）税务机关承诺时限

提供资料完整、填写内容准确、各项手续齐全的，当即予以受理，并在 2 个工作日内转下一环节。对单证齐全真实，且电子信息核对无误的，必须在 20 个工作日内办完退税审核、审批手续。

（5）办理流程

1）受理环节。

①对生产企业的中标机电产品退（免）税申报资料进行初审，经初步审核，提供的申报资料准确、纸质凭证齐全的，接受该笔出口货物的退（免）税申报，制作回执交给申报人。

②对提供的申报资料不准确、纸质凭证不齐全的，不予接受该笔出口货物的退（免）税申报，并当场一次性告知需补正的资料。

③将企业申报的出口退（免）税数据录入出口退税审核系统。

将全部受理资料转入下一环节。

2）后续环节。接收上一环节转来的资料，进行人工审核和计算机审核，主要审核以下内容：

①人工审核。税务机关受理出口货物退（免）税申报后，应在规定的时间内，对申报凭证、资料的合法性、准确性进行审查，并核实申报数据之间的逻辑对应关系。

②计算机审核。税务机关人工审核后，应当进行计算机审核，将企业申报出口货物退（免）税提供的电子数据、凭证、资料与国家税

务总局及有关部门传递的出口货物报关单、出口收汇核销单、代理出口证明、增值税专用发票、消费税税收（出口货物专用）缴款书等电子信息进行核对。

通过以上审核，确定审批结果，签署审批意见，将审批结果送达纳税人。

38. 生产企业利用中国政府的援外优惠贷款和援外合资合作项目基金援外方式下出口货物退税政策是什么？

答：（1）概述

对生产企业利用中国政府的援外优惠贷款和合资合作项目基金方式下出口的货物，比照一般贸易出口，实行"免、抵、退"税政策。

（2）纳税人应提供的资料

1）出口货物退（免）税正式申报电子数据。

2）加盖海关验讫章的出口货物报关单（出口退税专用）。

3）出口发票。

4）商务部批准使用援外优惠贷款的批文（"援外任务书"）复印件或商务部批准使用援外合资合作项目基金的批文（"援外任务书"）复印件。

5）与中国进出口银行签订的"援外优惠贷款协议"复印件或与商务部有关部门签订的"援外合资合作项目基金借款合同"复印件（对利用中国政府援外优惠贷款采用转贷方式出口的货物，援外出口企业在申请退税时可免予提供与中国进出口银行的贷款协议，但要附送援外出口企业与受援国业主签订的出口合同和中国进出口银行开具给税务机关的证明出口企业转贷业务的证明。在项目执行完毕后，援外出口企业还要提供中国进出口银行向其支付货款的付款凭证）。

（3）对纳税人的时限要求

生产企业应在援外物资报关出口之日（以出口货物报关单《出口退税专用》上注明的出口日期为准）起90日内，向所在地主管出口退税的税务机关申报办理出口货物"免、抵、退"税手续。如果其到期之日超过了当月的"免、抵、退"税申报期的，应当在次月"免、抵、退"税申报期内申报"免、抵、退"税。出口企业提出书面合理理由并经地市以上（含地市）税务机关核准后，可在核准的期限内申报办理退（免）税。

（4）税务机关承诺时限

提供资料完整、填写内容准确、各项手续齐全的，当即予以受理，并在2个工作日内转下一环节。对单证齐全真实，且电子信息核对无误的，必须在20个工作日内办完退税审核，审批手续。

（5）办理流程

1）受理环节。

①对生产企业援外物资"免、抵、退"税申报资料进行初审，经初步审核，生产企业提供的申报资料准确、纸质凭证齐全的，接受该笔出口货物的退（免）税申报，制作回执交给申报人。

②对生产企业提供的申报资料不准确、纸质凭证不齐全的，不予接受该笔出口货物的退（免）税申报，并当场一次性告知需补正的资料。

③将企业申报的出口退（免）税数据录入出口退税审核系统。

将全部受理资料转下一环节。

2）后续环节。接收上一环节转来的资料，进行人工审核和计算机审核，主要审核以下内容：

①人工审核。税务机关受理出口货物退（免）税申报后，应在规定的时间内，对申报凭证、资料的合法性、准确性进行审查，并核实申报数据之间的逻辑对应关系。

②计算机审核。税务机关人工审核后，应当进行计算机审核，将企业申报出口货物退（免）税提供的电子数据、凭证、资料与国家税务总局及有关部门传递的出口货物报关单、出口收汇核销单、代理出口证明、增值税专用发票、消费税税收（出口货物专用）缴款书等电子信息进行核对。

通过以上审核，确定审批结果，签署审批意见，将审批结果送达纳税人。

39. 外商投资项目采购国产设备出口货物退税有哪些政策？

答：（1）概述

为鼓励外商投资项目使用国产设备，对被认定为增值税一般纳税人的外商投资企业和从事交通运输、开发普通住宅的外商投资企业以及从事海洋石油勘探开发生产的中外合作企业属于《外商投资产业指导目录》中鼓励类和《中西部地区外商投资优势产业目录》的外商投资项目所采购的国产设备享受增值税退税政策。鼓励类外商投资项目在国内采购的国产设备，凡属于《外商投资项目不予免税的进口商品目录》的，不实行退税政策。

外商投资企业以其分公司（分厂）的名义采购的自用国产设备，由该分公司（分厂）向所在地主管退税机关申请办理退税。

对外合作开采海洋石油资源的中外合作油气田项目，由合作油气田的作业者、作业机构或作业分公司申请办理退税。

按规定应实行扩大增值税抵扣范围的外商投资企业在投资总额内采购的国产设备不实行增值税退税政策。

鼓励类外商投资项目中的工程项目，若外商投资企业以包工包料方式委托其他企业承建，外商投资企业可与承建企业签订委托购买国产设备协议，其委托由承建企业采购的国产设备并取得增值税专用发票，交由外商投资企业按规定申请办理退税。

（2）纳税人应提供的资料

1）退（免）税正式申报电子数据。

2）发展改革委出具的《项目采购国产设备清单》。

3）发展改革委出具的《符合国家产业政策的外商投资项目确认书》。

4）购进国产设备的增值税专用发票（抵扣联）或机动车销售统一发票（仅限于特殊用途的机动车辆）。

（3）对纳税人的时限要求

外商投资企业应自采购国产设备开具增值税专用发票的开票之日起 90 日内，向主管税务机关退税部门申报办理退税手续。企业提出书面合理理由并经地市以上（含地市）税务机关核准后，可在核准的期限内申报办理退（免）税。

（4）税务机关承诺时限

提供资料完整、填写内容准确、各项手续齐全的，当即予以受理，并在 2 个工作日内转下一环节。对单证齐全真实，且电子信息核对无误的，必须在 20 个工作日内办完退税审核，审批手续。

（5）办理流程

1）受理环节。

①对外商投资企业申报的采购国产设备退税资料进行初审，经初步审核，提供的申报资料准确、纸质凭证齐全的，接受该笔退税申报，制作回执交给申报人。

②对提供的申报资料不准确、纸质凭证不齐全的，不予接受该笔退税申报，并当场一次性告知需补正的资料。

③将企业申报的退（免）税电子数据录入出口退税审核系统。

将全部受理资料转下一环节。

2）后续环节。接收上一环节转来的资料，进行人工审核和计算机审核，主要审核以下内容：

①人工审核。税务机关受理货物退（免）税申报后，应在规定的时间内，对申报凭证、资料的合法性、准确性进行审查，并核实申报数据之间的逻辑对应关系。

②计算机审核。税务机关人工审核后，应当进行计算机审核。

通过以上审核，确定审批结果，签署审批意见，将审批结果送达纳税人。

40. 出口加工区内生产企业耗用的水、电、气，可以申请退免税吗？

答：（1）概述

出口加工区是指经国务院批准，由海关监管的特殊封闭区域。对出口加工区内生产企业生产出口货物耗用的水、电、气，准予退税。

区内生产企业从区外购进的水、电、气，凡用于出租、出让厂房的，不予办理退税。

（2）纳税人应提供的资料

1）退（免）税正式申报电子数据。

2）供水、供电、供气公司（或单位）开具的增值税专用发票（抵扣联）。

3）支付水、电、气费用的银行结算凭证（复印件加盖银行印章）。

（3）对纳税人的时限要求

区内企业须按季向主管税务机关退税部门申报办理退（免）税手续。

（4）税务机关承诺时限

提供资料完整、填写内容准确、各项手续齐全的，当即予以受理，并在 2 个工作日内转下一环节。对单证齐全真实，且电子信息核对无误的，必须在 20 个工作日内办完退税审核、审批手续。

（5）办理流程

1）受理环节。

①对区内生产企业生产出口货物耗用的水、电、气退税申报资料进行初审，经初步审核，提供的申报资料准确、纸质凭证齐全的，接受该笔业务的退税申报，制作回执交给申报人。

②对提供的申报资料不准确、纸质凭证不齐全的，不予接受该笔业务的退税申报，并当场一次性告知需补正的资料。

③将企业申报的退（免）税数据录入出口退税审核系统。

将全部受理资料转下一环节。

2）后续环节。接收上一环节转来的资料，进行人工审核和计算机审核，主要审核以下内容：

①人工审核。税务机关受理退（免）税申报后，应在规定的时间内，对申报凭证、资料的合法性、准确性进行审查，并核实申报数据之间的逻辑对应关系。

②计算机审核。税务机关人工审核后，应当进行计算机审核。

通过以上审核，确定审批结果，签署审批意见，将审批结果送达纳税人。

41. 什么是委托代征申报?

答:（1）概述

税务机关根据有利于税收控管和方便纳税的原则，可以按照国家有关规定委托有关单位和人员代征零星分散和异地缴纳的税收，并发给委托代征证书。受托单位和人员按照代征证书的要求，以税务机关的名义依法征收税款，按时申报入库。

（2）纳税人应提供的资料

1）委托代征开具的合法凭证。

2）《票款结报手册》。

（3）对纳税人的时限要求

按照所代征税种的申报期限办理。

（4）税务机关承诺时限

提供的资料完整、填写内容准确、各项手续齐全的，当场办结。

（5）办理流程

1）资料是否齐全、合法、有效，内容填写是否完整准确，印章是否齐全。

2）纸质资料不全或者填写内容不符合规定的，应当场一次性告知纳税人补正或重新填报。

3）符合条件的受理纳税人的申报，经系统录入申报信息。

42. 多缴税款退付利息怎样申请?

答:（1）概述

纳税人超过应纳税额缴纳的税款，纳税人自结算缴纳税款之日起三年内发现的，可以向税务机关要求退还多缴的税款并加算银行同期存款利息，税务机关及时查实后，依照法律、行政法规有关国库管理的规定退还。

（2）税务机关承诺时限

提供资料完整、填写内容准确、各项手续齐全，自受理之日起2

个工作日内转下一环节；税务机关在 30 日内查实并办理退还手续。

（3）办理流程

1）受理环节。

①审核纳税人《退（抵）税款及利息申请核准表》填写是否完整准确，印章是否齐全。

②纸质资料不全或填写不符合规定的，应当场一次性告知纳税人补正或重新填报。

③符合条件的，通过系统正确录入《退（抵）税款及利息申请核准表》信息，同时制作《文书受理回执单》或《税务文书领取通知单》交纳税人。

审核无误后，将纳税人报送的所有资料转下一环节。

2）后续环节。接收受理环节转来的资料，通过系统调阅以下资料：所属期申报表信息、所属期财务报表信息、所属期税款入库信息进行案头审核。

将以上信息与纳税人提供的《退（抵）税款及利息申请核准表》进行核对，看填写内容是否一致、填写是否齐全等。

通过以上审核，确定审批结果，签署审批意见，将《退（抵）税款及利息申请核准表》返还给纳税人。

43. 扣缴义务人申报内容有哪些？

答：（1）概述

扣缴义务人必须依照法律、行政法规规定或者税务机关依照法律、行政法规确定的申报期限、申报内容如实报送代扣代缴、代收代缴税款报告表以及税务机关根据实际需要要求扣缴义务人报送的其他有关资料。

（2）扣缴义务人办理业务的时限要求

扣缴义务人按照所扣缴税款种类法定的申报纳税期限办理。

（3）税务机关承诺时限

提供资料完整、填写内容准确、各项手续齐全、无违章问题，符合条件的当场办结。

（4）办理流程

1）审核纳税人《代扣代缴、代收代缴税款报告表》填写是否完整准确，印章是否齐全。

2）纸质资料不全或填写不符合规定的，应当场一次性告知纳税人补正或重新填报。

3）符合条件的，在系统中正确录入《代扣代缴、代收代缴税款报告表》信息。

4）审核无误的，在《代扣代缴、代收代缴税款报告表》上签署意见后返还一份给扣缴义务人。

44. 纳税人可以申请延期申报吗？

答：（1）概述

纳税人、扣缴义务人不能按期办理纳税申报或者报送代扣代缴、代收代缴税款报告表的，经税务机关核准，可以延期申报。

（2）纳税人应提供的资料

《税务登记证》（副本）。

（3）对纳税人的时限要求

纳税人、扣缴义务人按照规定的期限办理纳税申报或者报送代扣代缴、代收代缴税款报告表确有困难，需要延期的，应当在申请延期的申报期限之前向税务机关提出书面延期申请，经税务机关核准，在核准的期限内办理纳税申报。

纳税人、扣缴义务人因不可抗力，不能按期办理纳税申报或者报送代扣代缴、代收代缴税款报告表的，可以延期办理；但是，应当在不可抗力情形消除后立即向税务机关报告。

（4）税务机关承诺时限

提供资料完整、填写内容准确、各项手续齐全，符合受理条件的，自受理之日起在2个工作日内转下一环节；税务机关在5个工作日内办结（办结日期不得超过申报期限的最后一日）。

（5）办理流程

1）受理环节。

①查验纳税人出示的证件是否有效。

②审核《延期申报申请核准表》的内容是否完整准确，印章是否齐全。

③纸质资料不全或者填写内容不符合规定的，应当场一次性告知纳税人补正或重新填报，审核纳税人是否按照规定期限办理延期申报核准事项，如逾期申请，则不予受理，制作《不予受理通知书》。

④符合条件的制作《文书受理回执单》或《税务文书领取通知单》交纳税人。

审核无误后，将全部受理资料转下一环节。

2）后续环节。接收上一环节转来的资料，对资料进行案头审核，主要审核对纳税人申请延期申报的理由进行审核，审核其真实性、合理合法性，按照上期实际缴纳的税额或者税务机关核定的税额确定纳税人预缴税款。

通过以上审核调查，确定审批结果，签署审批意见，制作《税务事项通知书》送达纳税人。

45. 延期缴纳税款申请审批权限和时间是怎样规定的？

答：（1）概述

纳税人因有特殊困难，不能按期缴纳税款的，经省、自治区、直辖市国家税务局、地方税务局批准，可以延期缴纳税款，但是最长不得超过三个月。

（2）纳税人应提供的资料

1）所有银行存款账户的对账单。

2）当期货币资金余额情况及应付职工工资和社会保险费等税务机关要求提供的支出预算。

3）纳税人提供的灾情报告、公安机关出具的事故证明、政策调整依据。

（3）对纳税人的时限要求

纳税人需要延期缴纳税款的，应当在缴纳税款期限届满前提出申请。

（4）税务机关承诺时限

提供资料完整、填写内容准确、各项手续齐全，符合受理条件的，自受理之日起在 2 个工作日内转下一环节；税务机关在 20 个工作日内办结。

（5）办理流程

1）受理环节。

①审核申请资料是否齐全。

②审核纳税人提供的原件与复印件是否相符，复印件是否注明"与原件相符"字样并由纳税人签章。

③纸质资料不全或者填写内容不符合规定的，应当场一次性告知纳税人补正或重新填报，审核纳税人是否按照规定期限办理延期申报核准事项，如逾期申请，则不予受理。

④符合条件的制作《文书受理回执单》或《税务文书领取通知单》交纳税人。

审核无误后，将全部受理资料转下一环节。

2）后续环节。接收受理环节转来的资料，通过系统需调阅税务登记信息、《资产负债表》，进行案头审核，主要审核与纳税人提供的《延期缴纳税款申请审批表》及附报中列明的当期货币资金、应付工资等科目余额进行核对，查看相关项目是否一致，纳税人阐述的理由是否充分等。

通过以上审核调查，确定审批结果，签署审批意见，制作《税务事项通知书》送达纳税人。

46. 纳税人合并（分立）情况报告及责任有哪些？

答：（1）概述

纳税人有合并、分立情形的，应当向税务机关报告，并依法缴清税款。纳税人合并时未缴清税款的，应当由合并后的纳税人继续履行未履行的纳税义务；纳税人分立时未缴清税款的，分立后的纳税人对未履行的纳税义务应当承担连带责任。

(2)纳税人应提供的资料

合并（分立）的批准文件或企业决议复印件。

(3)对纳税人的时限要求

自纳税人合并（分立）文件生效之日起10个工作日内向税务机关报告。

(4)税务机关承诺时限

提供的资料完整、填写内容准确、各项手续齐全的，当场办结。

(5)办理流程

1）资料是否齐全、合法、有效，内容填写是否完整准确，印章是否齐全。

2）审核纳税人提供的原件与复印件是否相符，复印件是否注明"与原件相符"字样并由纳税人签章。

3）纸质资料不全或者填写内容不符合规定的，应当场一次性告知纳税人补正或重新填报。

4）审核无误的，在《纳税人合并（分立）情况报告书》上签署意见交纳税人。

47. 什么是欠税人处置不动产或大额资产报告？

答：(1)概述

欠缴税款数额较大的纳税人在处分其不动产或者大额资产之前，应当向税务机关报告。

(2)纳税人应提供的资料

处分不动产或大额资产清单。

(3)对纳税人的时限要求

欠税数额较大的纳税人在处置不动产之前向主管税务机关报告。

(4)税务机关承诺时限

提供资料完整、填写内容准确、各项手续齐全，符合受理条件的自受理之日起2个工作日内转下一环节；税务机关自受理之日起10个工作日内办结。

（5）办理流程

1）受理环节。

①资料是否齐全、合法、有效，内容填写是否完整准确，印章是否齐全。

②纸质资料不全或者填写内容不符合规定的，应当场一次性告知纳税人补正或重新填报。

③符合条件的制作《文书受理回执单》或《税务文书领取通知单》交纳税人。

审核无误后，将全部受理资料转下一环节。

2）后续环节。接收上一环节转来的信息资料，进行案头审核，审核《欠税人处置不动产或大额资产报告表》填写内容与处分不动产或大额资产清单是否一致。

审核通过后，在《欠税人处置不动产或大额资产报告表》上签署税务机关意见，送达纳税人。

48. 退（抵）税审批管理有哪些?

答:（1）概述

纳税人超过应纳税额缴纳的税款，税务机关发现后应当立即退还；纳税人自结算缴纳税款之日起三年内发现的，可以向税务机关要求退还多缴的税款并加算银行同期存款利息，税务机关及时查实后应当立即退还；涉及从国库中退库的，依照法律、行政法规有关国库管理的规定退还。

享受税收优惠政策的纳税人提出退（抵）税申请，税务机关应按规定进行办理退（抵）税。

（2）对纳税人的时限要求

纳税人自行发现超过应纳税额缴纳的税款，应自结算缴纳税款之日起三年内，向税务机关申请办理退税。

（3）税务机关承诺时限

提供资料完整、填写内容准确、各项手续齐全，自受理之日起2个工作日内转下一环节；税务机关在30日内查实并办理退还手续。

（4）办理流程

1）受理环节。

①审核《退（抵）税款及利息申请核准表》填写是否完整准确，印章是否齐全。

②纸质资料不全或填写不符合规定的，应当场一次性告知纳税人补正或重新填报。

③在系统中正确录入《退（抵）税款及利息申请核准表》信息，所有退税业务均需要全部录入，只有先征后退、即征即退两种业务需要录入，同时制作《文书受理回执单》或《税务文书领取通知单》交纳税人。

审核无误后，将纳税人报送的所有资料转下一环节。

2）后续环节。接收上一环节转来的资料，通过系统调阅所属期申报表信息、所属期财务报表信息、所属期税款入库信息，进行案头审核。

通过以上审核，确定审批结果，签署审批意见，将《退（抵）税款及利息申请核准表》返还给纳税人。

49. 葡萄酒消费税怎样退税？

答：（1）概述

境内从事葡萄酒生产的单位或个人（以下简称生产企业）之间销售葡萄酒，实行《葡萄酒购货证明单》（以下简称证明单）管理。购货方在采购葡萄酒前向主管税务机关申请领用证明单，销货方凭证明单的退税联向其主管税务机关申请办理退还已缴纳的消费税。

（2）纳税人应提供的资料

《葡萄酒购货管理证明单》退税联。

（3）税务机关承诺时限

提供资料完整、填写内容准确、各项手续齐全，符合受理条件的当场受理，自受理之日起2个工作日内转下一环节；税务机关自受理之日起20个工作日内办结。

（4）办理流程

1）受理环节。

①审核《葡萄酒消费税退税申请表》内容填写是否完整准确，印章是否齐全。

②核对《葡萄酒购货管理证明单》退税联与《葡萄酒消费税退税申请表》的相关内容、数字是否符合逻辑关系。

③纸质资料不全或填写不符合规定的，应当场一次性告知纳税人补正或重新填报。

④符合受理条件的，在系统中录入《葡萄酒消费税退税申请表》，打印《税务文书受理通知单》或《文书受理回执单》交给纳税人。

审核无误后，将纳税人报送的所有资料转下一环节。

2）后续环节。接收上一环节转来的资料后，调取消费税申报表、税收完税凭证对其进行审核。

根据审核情况，确定是否准予退税。对于符合退税条件的，予以办结退税。

50. 车辆购置税怎样退税？

答：（1）概述

纳税人已缴纳车辆购置税，如果符合规定可以退还车辆购置税的，应提出申请。主管税务机关受理、核实，办理车辆购置税退税审批手续，将应退还的车辆购置税退还纳税人。

（2）纳税人应提供的资料

1）未办理车辆登记注册的，提供生产企业或经销商开具的退车证明和退车发票、完税证明正本和副本。

2）已办理车辆登记注册的，提供生产企业或经销商开具的退车证明和退车的发票、完税证明正本、公安机关车辆管理机构出具的注销车辆号牌证明。

3）符合免税条件但已征税的设有固定装置的非运输车辆，提供完税证明正本。

（3）税务机关承诺时限

提供资料完整、填写内容准确、各项手续齐全，符合受理条件的当场受理，自受理之日起 2 个工作日内转下一环节；税务机关自受理之日起 20 个工作日内办结。

（4）办理流程

1）受理环节。

①通过系统调阅纳税人车辆购置税申报信息和税款缴纳情况。

②审核《车辆购置税退税申报表》相关项目填写是否完整准确，印章是否齐全。

③调阅申请退税车辆的电子档案和实物档案，与纳税人提供的资料核对，确定是否符合退税规定。

④审核纳税人提供的原件与复印件是否相符，复印件是否注明"与原件相符"字样并由纳税人签章，核对后原件返还纳税人。

⑤纸质资料不全或填写不符合规定的，应当场一次性告知纳税人补正或重新填报。

⑥符合受理条件的，在系统中录入《车辆购置税退税申报表》。

审核无误后，将纳税人报送的所有资料转下一环节。

2）后续环节。接收上一环节转来的资料后，通过系统调阅其申报征收信息、车辆购置税退税申请表信息进行审核。

根据审核情况，确定是否同意退税意见。不符合退税条件的，将相关资料退还上一环节；符合退税条件的，开具《中华人民共和国税收收入退还书》。

51. 外轮代理人怎样扣缴外国企业所得税？

答：（1）概述

外国公司以船舶从中国港口运载旅客、货物或者邮件出境的，取得运输收入的承运人为纳税人。纳税人包括：买方派船的期租船，以外国租船公司为纳税人；承租船，以外国船东为纳税人；中国租用的外国籍船舶再以期租方式转租给外国公司的，以外国公司为纳税人；外国公司期租的中国籍船舶，以外国公司为纳税人；其他外国籍船舶，以其船公司为纳税人。

依法经批准经营外轮代理业务的公司（外轮代理人）为应纳税款的扣缴义务人。委托外轮代理人计算并代收运费的，外轮代理人应当在收取运费后，按照规定的 4.65% 综合计征率直接从纳税人的收入总额中代扣应纳税款。不通过外轮代理人代收运费的，外轮代理人应当按照规定的 4.65% 综合计征率计算预计税款，并通知纳税人在船舶抵港前将预计税款与港口使用费备用金一并汇达，由外轮代理人代收税款。

（2）纳税人应提供的资料

按协定享受减免税的，要求报送资料：

1）按照协定规定，船舶运输收入，所得仅由企业的实际管理机构或者总机构所在缔约国征税的，或者收入来源国应对缔约国对方居民公司经营国际运输业务取得的收入，所得减税或者免税的，外国公司应当提供缔约国税务主管当局出具的该公司实际管理机构，总机构或者居民公司所在地的证明文件。

2）按照协定规定，收入来源国应当对悬挂缔约国对方国旗的商船或者由缔约国对方航运企业经营悬挂第三国国旗的商船取得的运输收入，所得减税或者免税的，外国公司应当提供缔约国对方航运主管部门出具的证明文件。

（3）对纳税人的时限要求

外轮代理人按照规定代扣、代收的税款，应自代扣代收之日起 10 日内，填报《代扣代缴外国公司船舶运输收入所得税报告表》，并将实收税款缴入国库。次月 15 日前向港口所在地税务机关报送上月外轮代理业务情况一览表、运费结算情况统计报表等资料。

纳税人向税务机关报告和缴纳税款的期限不得超过船舶离港之日起 60 日。

（4）税务机关承诺时限

提供资料完整、填写内容准确、各项手续齐全、无违章问题，符合受理条件的当场受理申报。

（5）办理流程

1）审核企业报送资料是否齐全、合法、有效，《代扣代缴外国公司船舶运输收入所得税报告表》填写是否完整准确，签章是否齐全。

2）对审核无误的，在《代扣代缴外国公司船舶运输收入所得税报告表》上签字、加盖印章，一份留存，一份给企业。

3）将审核后的《代扣代缴外国公司船舶运输收入所得税报告表》录入系统。

4）纳税人提交资料不全或者填报内容不符合规定的，应当场一次性告知纳税人补正或重新填报。

52. 合同区外国合同者所得税怎样申报？

答：（1）概述

来华合作开采石油资源的外国石油公司，不论是作业者，还是非作业者，都是独立的纳税单位，应按照税法规定向主管税务机关办理所得税申报事宜。

尚未开始商业性生产的外国石油公司可暂不报送季度所得税申报表。外国石油公司在不同地区或海域拥有合同区（即营业机构）的，可以选定其中一个地区或海域的营业机构合并申报缴纳企业所得税。具体申报方法按照《外商投资企业和外国企业所得税法实施细则》第八十九条、第九十条的规定办理。

（2）纳税人应提供的资料

季度所得税申报时：无。

年度所得税申报时：对外合作开采石油企业勘探开发费用年度明细表；合同区 100%合资费用表；资产负债表；损益计算表；库存材料明细表；勘探费用支出表；开发费用支出表；生产作业费支出表；间接费用支出表。

（3）对纳税人的时限要求

季度所得税申报：季度终了后 15 日内。

年度所得税申报：年度终了后 4 个月内。

（4）税务机关承诺时限

提供资料完整、填写内容准确、各项手续齐全、无违章问题，符合受理条件的当场受理申报。

（5）办理流程

1）受理环节。

①审核企业报送资料是否齐全、合法、有效，《外商投资企业和外国企业所得税季度申报表》或《外商投资企业和外国企业所得税年度申报表》填写是否完整准确，签章是否齐全。

②审核纳税人《外商投资企业和外国企业所得税季度申报表》或《外商投资企业和外国企业所得税年度申报表》填写内容与附报资料是否相符。

③对审核无误的，在《外商投资企业和外国企业所得税季度申报表》或《外商投资企业和外国企业所得税年度申报表》上签字、加盖印章，一份留存，一份给纳税人。

④将审核后的所得税申报数据录入系统。

⑤纳税人提交资料不全或者填报内容不符合规定的，应当场一次性告知纳税人补正或重新填报。

年度申报时，将纳税人报送的年度申报资料转下一环节。

2）后续环节。接收上一环节转来的年度所得税申报信息资料，主要审核以下内容：

①审核企业所得税年度申报表与其附送资料各项目之间的逻辑关系是否对应，计算是否正确。

②审核企业是否按规定结转或弥补以前年度亏损额。

③审核企业是否符合税收减免条件，包括对企业所得税和地方所得税的减免是否符合现行法律法规的规定，有无税务机关或地方政府的正式批文；企业所处减免税年度情况，何时应恢复征税；审核企业税前扣除的财产损失是否已报税务机关审批等。

④审核总机构汇总和外国企业营业机构合并申报所得税，其分支机构或各营业机构账表所记载涉及计算应纳税所得额的各项数据是否准确。

⑤审核企业已预缴所得税的完税信息，确认其实际预缴的税额。

根据审核结果，结合季度所得税申报表及日常征管情况，对企业报送的年度申报表及其附表和其他有关资料进行初步审核后，在5月底前，对应补缴所得税、应办理退税的企业发送《外商投资企业和外国企业汇算清缴涉税事项通知书》，办理税款多退少补事宜。

53. 中外合作开采石油（天然气）资源怎样按期缴纳增值税？

答：（1）概述

根据《中华人民共和国增值税暂行条例》的有关规定，合作油（气）田的原油、天然气增值税由按次申报纳税改为按期申报纳税。

（2）纳税人应提供的资料

1）原油、天然气增值税纳税申报表。

2）本次原油、天然气的销售价格、销售费用、销售去向等明细资料。

3）合作油（气）田的产量、存量、分配量、销售量。

（3）对纳税人的时限要求

纳税期限可以是1日、3日、5日、10日、15日或1个月，并应自确定的纳税期限期满之日起五日内预缴税款，于次月1日起15日内申报纳税并结清上月应纳税款。

（4）税务机关承诺时限

提供资料完整、填写内容准确、各项手续齐全、无违章问题，符合受理条件的当场受理申报。

（5）办理流程

1）审核企业报送资料是否齐全、合法、有效，《原油、天然气增值税申报表》填写是否完整准确，签章是否齐全。

2）审核纳税人《原油、天然气增值税申报表》填写内容与附报资料是否相符。

3）对审核无误的，在《原油、天然气增值税申报表》上签字、加盖印章，一份留存，一份给纳税人。

4）将审核后的增值税申报数据录入系统。

5）纳税人提交资料不全或者填报内容不符合规定的，应当场一次性告知纳税人补正或重新填报。

第七章　税务行政救济与纳税担保申请管理疑难问答

1. 如何理解税务行政处罚听证？

答：（1）概述

税务机关对公民做出 2000 元以上（含本数）罚款或者对法人或其他组织做出 1 万元以上（含本数）罚款的行政处罚之前，应当向当事人送达《税务行政处罚事项告知书》，告知当事人已经查明的违法事实、证据、行政处罚的法律依据和拟将给予的行政处罚，并告知有要求举行听证的权利。纳税人在规定期限内提出听证申请的，主管税务机关受理听证申请，在规定时间内组织听证。

（2）纳税人应提供的资料

《税务行政处罚事项告知书》。

（3）对纳税人的时限要求

要求听证的当事人，应当在《税务行政处罚事项告知书》送达后 3 日内向税务机关书面提出听证；逾期不提出的，视为放弃听证权利。

（4）税务机关承诺时限

税务机关应当在收到当事人听证要求后 15 日内举行听证，并在举行听证的 7 日前将《税务行政处罚听证通知书》送达当事人，通知当事人举行听证的时间、地点、听证主持人的姓名及有关事项。

（5）办理流程

1）受理环节。

①审查纳税人提出税务行政处罚听证申请的时间是否在规定时限

内，如超期提出申请，则不予受理纳税人提出税务行政处罚听证申请；

②审查纳税人《税务行政处罚听证申请书》填写内容是否符合规定，不合规定的，应当场一次性告知纳税人补正或重新填报。

2）审查环节。符合条件的，法制部门受理纳税人的税务行政处罚听证申请，对《税务行政处罚听证申请书》中当事人提出听证申请的形式和时限等事项进行审查，审查完毕制作《税务行政处罚听证通知书》。

《税务行政处罚听证通知书》经审批后，送达纳税人，通知当事人举行听证的时间、地点等事项。

3）听证环节。法制部门工作人员准备听证的相关事宜。

2. 如何理解税务行政复议申请？

答：（1）概述

为了防止和纠正税务机关违法或者不当的具体行政行为，保护纳税人及其他当事人的合法权益，保障和监督税务机关依法行使职权，纳税人及其他当事人认为税务机关的具体行政行为侵犯其合法权益，可依法向税务行政复议机关申请行政复议，税务行政复议机关受理行政复议申请，做出行政复议决定。

（2）纳税人应提供的资料

1）代理人参加复议活动，必须向税务行政复议机关递交由申请人签名或盖章的授权委托书。

2）税务机关做出具体行政行为的文书。

（3）对纳税人的时限要求

1）申请人可以在知道税务机关做出具体行政行为之日起 60 日内提出行政复议申请。因不可抗力或者被申请人设置障碍等其他正当理由耽误法定申请期限的，申请期限自障碍消除之日起继续计算。

2）申请人申请复议前，必须先依照税务机关根据法律、行政法规确定的税额、期限，缴纳或者解缴税款及滞纳金或者提供相应担保的，在实际缴清税款和滞纳金后或者所提供的担保得到做出具体行政行为的税务机关确认之日起 60 日内提出行政复议申请。

（4）税务机关承诺时限

复议机关收到行政复议申请后，应当在 5 日内进行审查，决定是否受理。对不符合本规则规定的行政复议申请，决定不予受理，并书面告知申请人。

复议机关应当自受理申请之日起 60 日内做出行政复议决定。情况复杂，不能在规定期限内做出行政复议决定的，经复议机关负责人批准，可以适当延长，并告知申请人和被申请人；但延长期限最多不超过 30 日。

（5）办理流程

1）受理环节。

①是否属于行政复议的受案范围。

②是否超过法定的申请期限。

③是否有明确的被申请人和行政复议对象。

④是否已向其他法定复议机关申请行政复议，且被受理。

⑤是否已向人民法院提起行政诉讼，人民法院是否已经受理。

⑥申请人就纳税发生争议，是否按规定缴清税款、滞纳金，或提供担保。

⑦申请人是否具备申请资格。

符合税务行政复议受理条件决定受理的或者复议机关收到行政复议申请后未按前款规定期限审查并做出不予受理决定的，视为受理的，应将《口头申请复议登记表》或纳税人书面申请等资料转下一个环节。

2）审查环节。接收上一环节的资料，复议机关法制部门对上一环节转来的申请资料进行审查。

审查部门对被申请人做出具体行政行为的合法性和适当性进行全面审查，向被申请人发送《提出答复通知书》，询问具体行政行为的证据依据等；对重大案件须进行集体讨论，审查完毕后提出审查意见。

复议审理部门审理完毕，拟定行政复议决定书报行政复议机关负责人审批。

3）决定。做出行政复议决定。

3. 如何理解税务行政赔偿？

答：（1）概述

国家机关和国家机关工作人员违法行使职权侵犯公民、法人和其他组织的合法权益造成损害的，受害人有依法取得国家赔偿的权利。

税务行政机关及其税务人员在行使行政职权时有下列侵犯财产权情形之一的，受害人有取得赔偿的权利：违法实施罚款等行政处罚的；违法对财产采取查封、扣押、冻结等行政强制措施的；造成财产损害的其他违法行为。

（2）对纳税人的时限要求

赔偿请求人请求税务行政赔偿的时效为两年，自税务行政人员行使职权时的行为被依法确认为违法之日起计算。

赔偿请求人在赔偿请求时效的最后六个月内，因不可抗力或者其他障碍不能行使请求权的，时效中止。从中止时效的原因消除之日起，赔偿请求时效期间继续计算。

（3）税务机关承诺时限

赔偿义务机关应当自收到申请之日起两个月内依照法律规定给予赔偿；逾期不予赔偿或者赔偿请求人对赔偿数额有异议的，赔偿请求人可以自期间届满之日起三个月内向人民法院提起诉讼。

（4）办理流程

1）受理环节。审核纳税人提出的税务行政赔偿是否在规定时限，申请赔偿的主体是否合法。符合条件的，受理纳税人的税务行政赔偿申请；不符合受理条件的当场告知纳税人不予受理的理由。

2）审查环节。接收受理环节转来的资料进行审查，主要审查以下内容。

法制部门对受理环节转来的申请资料中赔偿申请的具体要求、事实和理由进行审查，确定税务机关具体行政行为是否违法、是否给赔偿请求人造成损害等，审查完毕后制作《赔偿申请书审查表》。

赔偿申请及审查表经审理完毕后制作《行政赔偿决定书》，《行政赔偿决定书》经审批后送赔偿请求人。

3）履行。《行政赔偿决定书》审批后由相关赔偿机关履行赔偿义务。

4. 中国居民申请启动税务相互协商程序是怎样的?

答:(1)概述

为了维护中国居民（国民）的合法权益,协助中国居民（国民）解决其在税收协定缔约对方遇到的税务问题,如中国居民（国民）认为,缔约对方所采取的措施,已经或将会导致不符合税收协定所规定的征税行为,向国家税务总局（以下简称总局）提出启动相互协商程序申请,请求总局与缔约对方主管当局通过相互协商解决有关问题。

中国居民遇有下列情况之一的,可以申请启动相互协商程序:需申请双边预约定价安排的;对联属企业间业务往来利润调整征税,可能或已经导致不同税收管辖权之间重复征税的;对股息、利息、特许权使用费等的征税和适用税率存有异议的;违背了税收协定无差别待遇条款的规定,可能或已经形成歧视待遇的;对常设机构和居民身份的认定,以及常设机构的利润归属和费用扣除存有异议的;在税收协定的理解和执行上出现了争议而不能自行解决的其他问题;其他可能或已经形成不同税收管辖权之间重复征税的。

(2)对纳税人的时限要求

启动相互协商程序的申请,应在有关税收协定规定的期限内（一般为在下达不符合税收协定规定的第一次征税通知之日起三年内）,以书面形式向主管的省、自治区、直辖市和计划单列市国家税务局或地方税务局提出。

(3)税务机关承诺时限

提供资料完整、填写内容准确、各项手续齐全,符合受理条件的当场受理,在 2 个工作日内转下一环节;经过初步审理后,在 15 个工作日内上报总局。

(4)办理流程

1）受理环节。

①审核《启动相互协商程序申请书》填写内容是否完整、准确,

签章是否齐全。

②符合条件的出具《文书受理回执单》给纳税人。

③纳税人《启动相互协商程序申请书》填写内容不符合规定的，应当场一次性告知纳税人补正或重新填报。

审核无误的，将《启动相互协商程序申请书》传递至下一环节。

2）后续管理。

①接收上一环节转来的信息资料，经过初步审理后，在 15 个工作日内上报总局。

②总局审理后，对具备相互协商条件的，与有关缔约对方主管当局进行相互协商；对完全不具备相互协商条件的，以书面形式经受理申请机关告知申请者；对不完全具备相互协商条件，但进一步补充材料或说明情况后可以进行相互协商的，总局通过受理申请机关与申请者联系。

对于紧迫案件，总局可以直接与申请者联系。

③相互协商结束后，总局在《启动相互协商程序申请书》上签署协商结果，将《启动相互协商程序申请书》一份经受理申请机关返还申请者。

5. 如何理解纳税担保申请？

答：（1）概述

是指纳税义务人所提供的经税务机关认可的纳税担保人与税务机关约定，当纳税义务人不履行纳税义务时，纳税担保人履行纳税义务或者承担连带责任。

（2）纳税人应提供的资料

1）《纳税担保财产清单》。

2）有关部门出具的抵押登记的证明及其复印件。

（3）对纳税人的时限要求

1）税务机关有根据认为从事生产、经营的纳税人有逃避纳税义务行为，在规定的纳税期之前经责令其限期缴纳应纳税款，在限期内发现纳税人有明显的转移、隐匿其应纳税的商品、货物以及其他财产或者应纳税收入的迹象，责成纳税人提供纳税担保的。

2）欠缴税款、滞纳金的纳税人或者其法定代表人需要出境之前。

3）纳税人同税务机关在纳税上发生争议而未缴清税款，在申请行政复议之前。

（4）税务机关承诺时限

提供资料完整、填写内容准确、各项手续齐全，符合受理条件的自受理之日起 2 个工作日内转下一环节；税务机关自受理之日起 10 工作日内办结。

（5）办理流程

1）受理环节。

①资料是否齐全、合法、有效，内容填写是否完整准确，印章是否齐全。

②审核纳税人提供的原件与复印件是否相符，复印件是否注明"与原件相符"字样并由纳税人签章。

③符合条件的制作《文书受理回执单》或《税务文书领取通知单》交纳税人纸质资料不全或者填写内容不符合规定的，应当场一次性告知纳税人补正或重新填报，不符合要求的，制作《不予受理通知书》。

审核无误后，将全部受理资料转下一环节。

2）后续环节。接收上一环节转来的资料，进行案头审核，对于案头审核不能确认纳税人情况的可进行实地调查，通过系统调阅税务登记信息、税种登记信息、应纳税款信息。

审核与纳税人提供的《纳税担保书》中填写的纳税人应缴纳的税款及滞纳金数额、所属期间、税种、税目名称等核对是否一致，其他项目填写是否正确等。

对纳税担保人提供的《纳税担保书》存在疑点的，或根据工作实际需要实地调查的，可通过到银行、房产等部门对纳税保证人提供的银行存款账户、国有土地使用权证的真实性进行核实，实地核查纳税人抵押财产的真实性。

对担保书上相关项目确认后，在《纳税担保书》上签署确认意见，送达纳税人及担保人各一份。